生き方は星空が教えてくれる

木内鶴彦

サンマーク
文庫

生き方は星空が教えてくれる◐目次

編集協力　株式会社ぷれす
写真提供　木内鶴彦
NASA（P46-47のみ）

プロローグ

「宇宙はいったいどこまで広がっているのだろう」

「あの星は、いったいどれくらい遠くにあるのだろう」

そんな思いを胸に、夜の星空を見上げた経験がみなさんにもあるのではないでしょうか。星空を眺めるとき、人は懐かしさと不安、そして厳粛さが入り交じった不思議な感覚を覚えます。


私も、そんな星空の魅力に取りつかれた一人です。毎晩、睡眠時間を削って山に登っては夜空に向かって望遠鏡をのぞき、今までに再発見も含めて四つの彗星《すいせい》を発見することができました。そのうちの二つの星には、他の発見者とともに私の名前もつけられました。そのおかげで、私は彗星捜索家として名が知られるようになったのです。

みなさんは星を初めて意識したときのことを覚えていますか？

私はそのときのことをはっきりと覚えています。それは、小学校に上がる少し前、六歳になったばかりの夏のことでした。

幼いころの私は大変なやんちゃ坊主で、毎日のようにいたずらをしては母に叱られていました。叱られると私は決まって裏の田んぼへ行き、土手でふて寝をするのです。

田んぼの土手に仰向けに寝転がり、頭の後ろで組んだ腕を枕にどこまでも広がっている空を見ていると、不思議とふてくされた心が静まっていきます。そうやって空を見ながら、幼い私はそれなりにいろいろなことを考えていたのです。

その日も母に叱られ、いつものように裏の田んぼの土手で空を見ていました。

ふだんは一、二時間もすると機嫌が直って家へ帰るのですが、その日は天気がよかったこともあって、田んぼを渡る風の心地よさについうとうとと眠ってしまったのです。

気がついたときには、空の色はすっかり変わっていました。

いつも見ていた青い空は、金やオレンジといった暖かな色を交えた美しいグラデーションに変わっています。あまりの美しさに見とれていると、空は見る見るうちに変化していきました。明るいオレンジ色の部分は朱色に、そして燃えるような真紅に。その一方で東からはしだいに紫や紺色といった夜を感じさせる色が広がっていきます。

素晴らしい光のショーに私は心を奪われました。

初めのうちはオレンジ色の空や、雲が真っ赤に燃えていく様子、沈んでいく太陽の大きさなどに目がいっていたのですが、朱色が強くなりはじめ、空の半分以上が暗さを感じさせるようになったころから、西の空に輝く一つの光に目が吸い寄せられていきました。

その光は瞬き出したばかりの宵の明星、金星の輝きでした。

子供のころに友達と夕空を見上げ、誰が最初に「一番星みーつけた」と指をさせるか競争した人も多いことでしょう。金星は月の次に明るい星なので、子供でも簡単に見つけることができます。

でも当時の私には、それが金星であることはもちろん、星であることさえもすぐにはわかりませんでした。ただ「あの光は何だろう」と不思議に感じているだけだったのです。

空が暗くなるにしたがい、その光はさらに明るさを増し、輝いていきました。そして空から太陽の痕跡がすっかり消え、見渡すかぎり闇に包まれるようになってようやく、私はその光が「星」だということに気づいたのです。

それまでにも星を見たことはありました。でも私にとって星は、あくまでも夜空に輝くものでした。そのため夕焼けの中で輝きはじめた光と星とが、どうしても結びつかなかったのです。

日が沈んでから暗くなるまでの時間は、約一時間半。その間、私はずっと田んぼの土手で仰向けのまま空を見つめていたのです。夕焼け空の中で見つけた不思議な輝きが星であったとわかったころには、空のあちらこちらに小さな星が輝いていました。

空はその後も暗さを増していきます。

そのころの田舎の夜というのは、本当の真っ暗闇です。山の稜線《りょうせん》すら見えません。山と空の区別は、星があるかないかで判断するしかないのです。

そんな闇の中で仰向けに寝ていると、まるで自分が夜空の中に浮かんでいるような錯覚に陥ります。

無数の星が輝く宇宙空間をたった一人で浮遊しているような不思議な感覚の中で、私はいろいろなことを考えました。

「星って何だろう」

「どうして光っているんだろう」

「星と星の間の暗い部分をどこまでも行ったら、その先には何があるのだろう」

次から次へと疑問がわいてきます。

そして、ふと、

「今ここにいる自分って何だろう」

と、思ったのです。

自分は今、たしかにここにいる。そして星空を見てあの先には何があるのだろうと思っている。この「思っている自分」っていったい何なんだろうか、と。

こんな哲学的な問いの答えが六歳の子供に見つかるはずもありません。それでも私の心から、その日の感動と疑問が消えることはありませんでした。

星との出合いから四十数年がたった今、私は幼いころに抱いたこの問いに対する一つの答えを手にしています。

「自分とは何か」

「宇宙の果てには何があるのか」

私を答えに導いてくれたのは、臨死体験という特異な体験でした。

二十二歳のとき、私は突然の病気に襲われ、生死の境をさまよいました。そこで私は自分の過去と未来、そして地球の過去と未来をも「体験」してきたのです。

初めのうちは、自分自身にもそれが真実かどうかわかりませんでした。しかし、その後の私の人生が、そこで見たものは嘘《うそ》でも夢でもなかったと、少しずつ納得させてくれたのです。

私が臨死体験の中で見た未来のビジョンは、二つの情景が、まるで二重写しの写真のように重なって見えるものでした。

一つは緑豊かな山の上で子供たちと天体観測をしている初老の私の姿。そしてもう一つは、荒れ果てた土地に呆然《ぼうぜん》と立ちすくむ私の姿でした。どちらも同時刻の未来を映していることは、そこにいた私の意識が知っていました。

なぜ異なる二つのビジョンが重なって見えたのでしょうか。

私は、これは未来がまだ確定されていないことを示しているのだと思っています。どちらの未来を手にするかは、これからの自分自身の選択によって決まる。そう感じた私は、ライフワークである星の観察を続けるかたわら、この地球の美しい環境を守り、そこにすむ生物を存続させていくにはどうしたらよいか、という問題にも積極的に取り組むようになっていきました。

人類をはじめ、多くの生命を育んできた地球。その地球上の生命体のなかで唯一、自分で考え、行動し、物をつくり出す知恵を備えた人類の存在意義はどこにあるのでしょうか。

その答えは宇宙に秘められていました。

臨死体験の中で、私は宇宙の始まりも見てきました。言葉でいうのは難しいのですが、それは「膨大な意識」といったものでした。「膨大な意識」はすべてを知っていますが、それだけではとても退屈な世界です。そこで、一つの「ひずみ」をつくり出します。「ひずみ」は元に戻ろうとして動きをつくります。そのひずみが解消に向かうときのエネルギーの流れこそが、私たちが生きているこの三次元の世界だったのです。

この地球も、宇宙さえも、いつかは終わりのときを迎えます。しかし私たちは、与えられたこの環境の中で、どれだけバランスをとってエネルギーを維持できるか、という役割をもって生まれてきているのです。私はそのことを知ることによって、生きていくことの意味と楽しさを知ったのです。

臨死体験、彗星捜索、環境浄化……。これらは、まったくかけ離れた事柄のように思われるかもしれません。しかし、私にとっては、これらのことはすべて一つのポイントで密接に結びついているのです。

そのポイントとは、宇宙の視点から自分たちを眺めてみる、ということです。

みんなで望遠鏡で月を眺めながら、あの月から地球はどう見えているのだろう、という話をしてみるのです。すると、眺めている月は、次の瞬間に地球に変わっているのです。

その地球のある場所の一点に、自分がいる——そのようなイメージが浮かぶようになると、自分が今いる場所を大きな視点でとらえることができるようになります。今、どんな社会の中で生きているのか、社会のどこが間違っているのか、そこで自分のするべきことは何か。そういうことが、とてもはっきり見えてくるのです。

星や宇宙に思いを馳《は》せることは、自分たちの住む地球という環境を見ることにつながります。自分たちが立っている足元を見つめ直したとき、その答えはおのずと導き出されるでしょう。そしてそれは、地球上の生命を幸せな未来へと導く第一歩となるはずです。

地球上の生物は、何一つをとっても単独で生存しうるものはありません。すべての命はつながっているのです。一つの生命は他の生命によって生かされる存在であると同時に、他の生命を生かすための存在でもあるのです。

本書の中で私は、現在取り組んでいる新しい技術——「太古の水」や、太陽光を利用したゴミ処理施設のことにふれています。この二つはどちらも私がそれまで培ってきた星についての知識や、臨死体験という特異な経験に基づいて開発されたものです。

でも、これは私からの一つの提案にすぎません。これで地球上のすべての問題が解決するわけではないからです。

どの命もすべて、その命でなければできない役割というのが用意されています。私の場合は、それがたまたま臨死体験という、人とはちょっと異なったものだったというだけのことです。

その人でなければ発想できないこと、その人でなければ実行できないこと、すべての人が、その人でなければ活用できない才能を秘めているのです。

しかしその才能がどのようなものなのか、待っていても、誰も教えてはくれません。いろいろなことをしながら、自分自身で「これだ」と感じるものを見つけるしかないのです。

では、自分の才能を見つけ出すには、どうすればよいのでしょうか。

その目安となるのは、自分の心にわき上がる喜びです。はたから見たらつらいことでも、その人にとって才能を生かせることなら、心に大きな喜びが必ずわき上がってきます。私も彗星捜索を行っているときは、わずかな睡眠時間をも削って、寒い冬山に登り観測を続けました。はたから見れば、一銭の得にもならないのに、そ

んなにつらい思いをして何になるのかと思うかもしれませんが、私が感じていたのは、つらさをも凌《しの》ぐ魂の喜びでした。

お金や地位や、社会的しがらみにはかかわりなく、自分の内側にわき上がる「喜び」に忠実に生きるとき、誰もが自分の役割に気づき、才能を花開かせるにちがいありません。

さて、みなさんにはどんな才能と役割が秘められているのでしょうか。

本書が、みなさんの人生を開花させるきっかけとなれば、これにまさる喜びはありません。

彗星発見のヒントになったのは魚釣り

みなさんは最近、星空を見上げたことがありますか？

毎日忙しく過ごしていて、星を見ることなど忘れていたという人も多いのではないでしょうか。そんな人は、ぜひ今夜、夜空を見上げてみてください。街灯《まちあか》りで見えにくくなったとはいえ、天気さえよければまだ数多くの星を見ることができるはずです。

星空を見ていると、無限に広がる宇宙空間の中に私たちが住む地球があること、そして自分たちも間違いなく宇宙の一部であることを実感させられます。星空を見ていると、どことなく懐かしさのようなものを感じるのも、自分たちが宇宙の一員であることを思い出させてくれるからなのかもしれません。

星と人との関係はとても古く、古代エジプトやメソポタミアなど文明の発祥にま

望遠鏡で見る天の川の姿。

でさかのぼります。

時間や季節によって位置を変える星は、正確な暦を得るために必要不可欠なものとして、古代の人々の生活と密接に結びついていました。

古代の人は、たくさんの星々を把握するために、明るく光る星と星を線で結び、身近なものの形になぞらえ、神話を与え、夜空に星座を描き出しました。星座にまつわる物語は語り継がれ、星座は今も無数にある星々を識別するために用いられています。

星座に当てはめられた星の動きは規則的なものですが、なかにはほんの短い間だけ夜空に輝く星というのもあります。それが彗星です。

すぐれた能力のある人が突然社会に現れたときに「彗星のように」と表現されることがありますが、これは夜空に長い光の尾を引いて現れる彗星が、何の予告もなく、ある日突然姿を現すことになぞらえています。

彗星捜索家は、このいつどこに現れるかわからない彗星をひたすら目で見て探すという地道な作業を毎日続けています。そして私もそうした彗星捜索家の一人なのです。

私が初めて彗星を発見したのは、一九九〇年。彗星捜索を始めてから七年目のことでした。三月十六日午後七時三十五分、北西の低空に他の星とは違う、ボーッと少しにじんだような光を発する星を発見しました。

それはまだとても弱いものでしたが、たしかに彗星特有の青みがかった美しい光でした。

実際に発見するまでは、彗星が見つかったら飛び上がって喜ぼうとか、友達に電話をして驚かせてやろうなどと、いろいろなことを考えていたのですが、実際には何もできませんでした。

「やった」という喜びよりも、見間違いではないだろうかという思いのほうが強く、自分でも意外なほど慎重になっていたのです。

新彗星らしきものを発見したら、まず星の位置をスケッチし、国立天文台に連絡を入れます。私も震える手でていねいにスケッチを描きました。そして急いで家へ帰り、発見した時刻と場所、星の見えた位置などを国立天文台に電話で報告しました。

国立天文台へ連絡しても、すぐに結果がわかるわけではありません。私の発見し

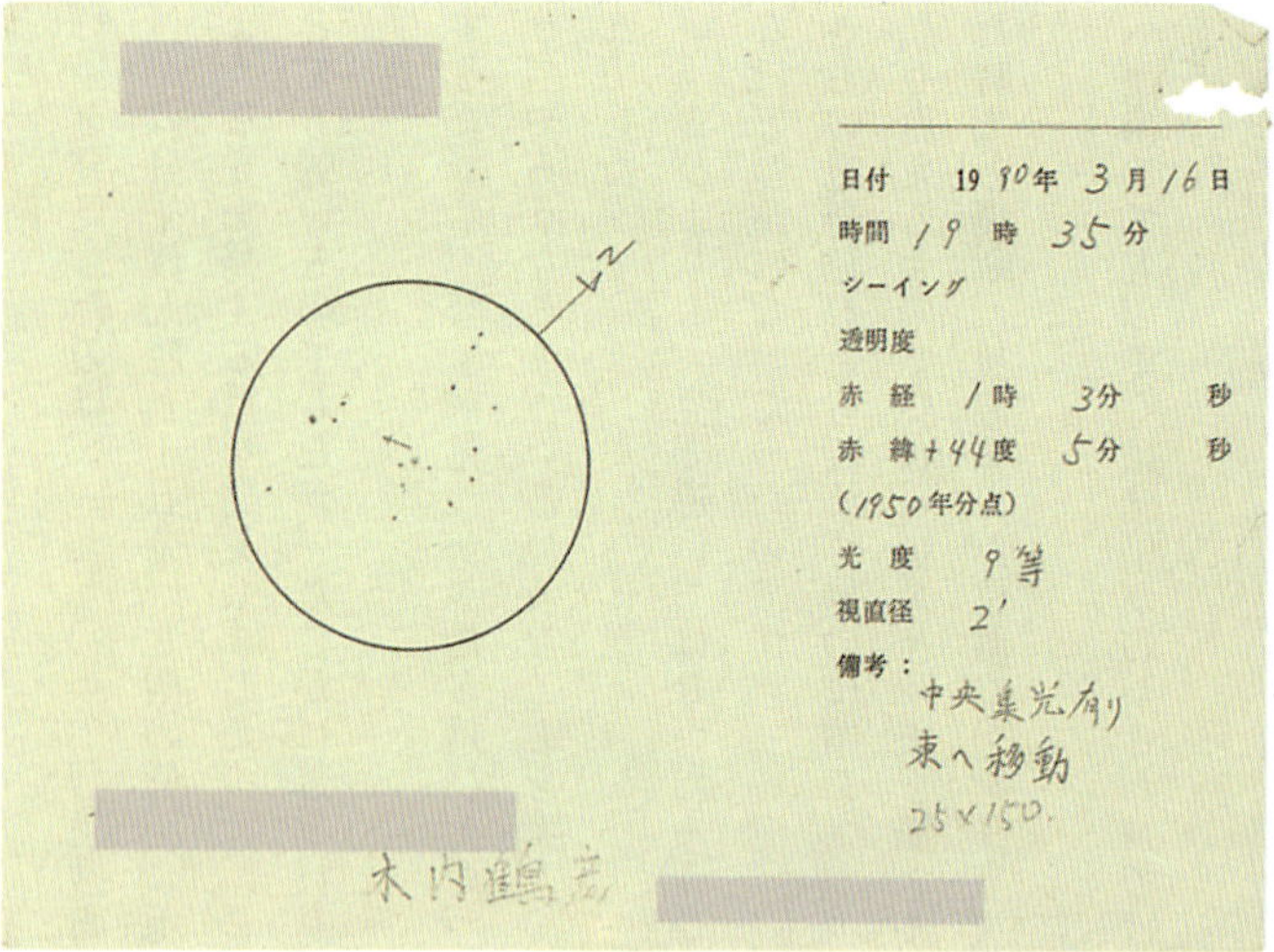

上：初めて彗星を発見したときのスケッチ
(「チェルニス・木内・中村彗星」)。
左上：「土屋・木内彗星」、
左下：「メトカーフ・ブルーイントン彗星」。

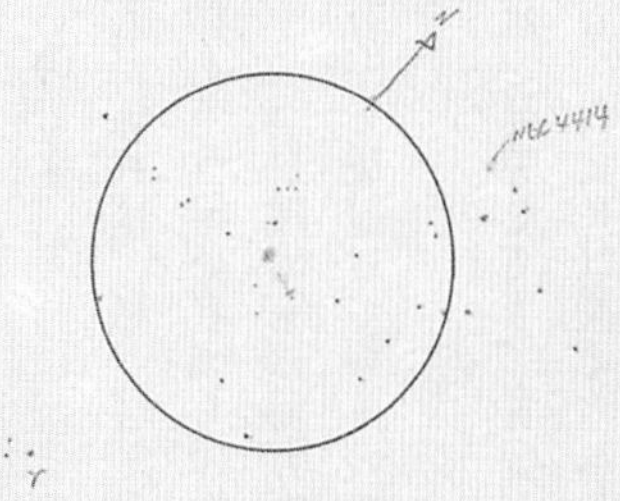

日付　1990 年 7 月 16 日
時間 21 時 10 分
シーイング
透明度
赤経 12 時 25 分 秒
赤緯 +30 度 15 分 秒
(1950 年分点)
光度 9 等
視直径 3.5′〜4′
備考：
西南西へ移動

木内鶴彦

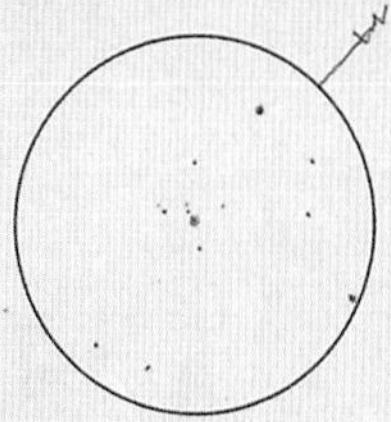

日付　1991 年 1 月 7 日
時間 20 時 25 分
シーイング
透明度
赤経 0 時 7 分 秒
赤緯 −6 度 15 分 秒
(1950 年分点)
光度 9
視直径 4′
備考：
中央集光有り
東方向へ移動してると思えるが、モーションは少ない。

木内鶴彦

た星が本当に新彗星だったのかどうか、結果が出るまでには二、三日待たなければならないのです。それに、その星が本当に新彗星だったとしても、私よりも早く発見した人がいれば、私が彗星を発見したということにはなりません。新彗星発見は、一分一秒を争う早い者勝ちの世界だからです。

世界中に彗星捜索家は何万人もいます。その何万もの目が、毎夜、新彗星発見を夢見て夜空を見続けているのですから、一番乗りを果たすというのは、とても大変なことです。

新彗星を発見しても、賞金がもらえるわけではありません。

しかし、お金には換えられない名誉と喜びがあります。発見した新彗星には発見者の名前がつけられ、その名前が永遠に残るからです。

早い者勝ちといっても、紳士協定のようなものがあって、非常に近い時間内に発見報告をした人がいた場合は、三人ぐらいまでなら発見者の名前がその新彗星に命名されます。

私が発見した最初の彗星も、リトアニアの男性と三重県の公務員の方、そして私の三人の名前を冠し「チェルニス・木内・中村彗星」と名づけられました。

彗星は、長い尾を引くその姿から、日本では「ほうき星」とも呼ばれています。でも彗星の特徴ともいえる尾は、いつでも見ることができるわけではありません。彗星の尾は、太陽に近づいたときにだけ現れるからです。

彗星の本体は、汚れた雪だるまのようなものですが、太陽に近づいたときに、凍っていた水分が蒸発し、太陽と反対方向に流れるため尾ができるのです。

彗星が発見されるときの明るさは、十三等から十等星ぐらいです。「等星」というのは、星の明るさを表す単位で、数字が大きくなるほど暗い星ということになります。一等星の明るさは六等星の百倍、数字が一つ減るごとに明るさは約二・五倍になります。

彗星も十三等星ぐらいの明るさのときは、太陽から遠いのでまだ尾はありません。それでも光り方は普通の星とは違い、青白くもやっとした、光のにじみのように見えます。

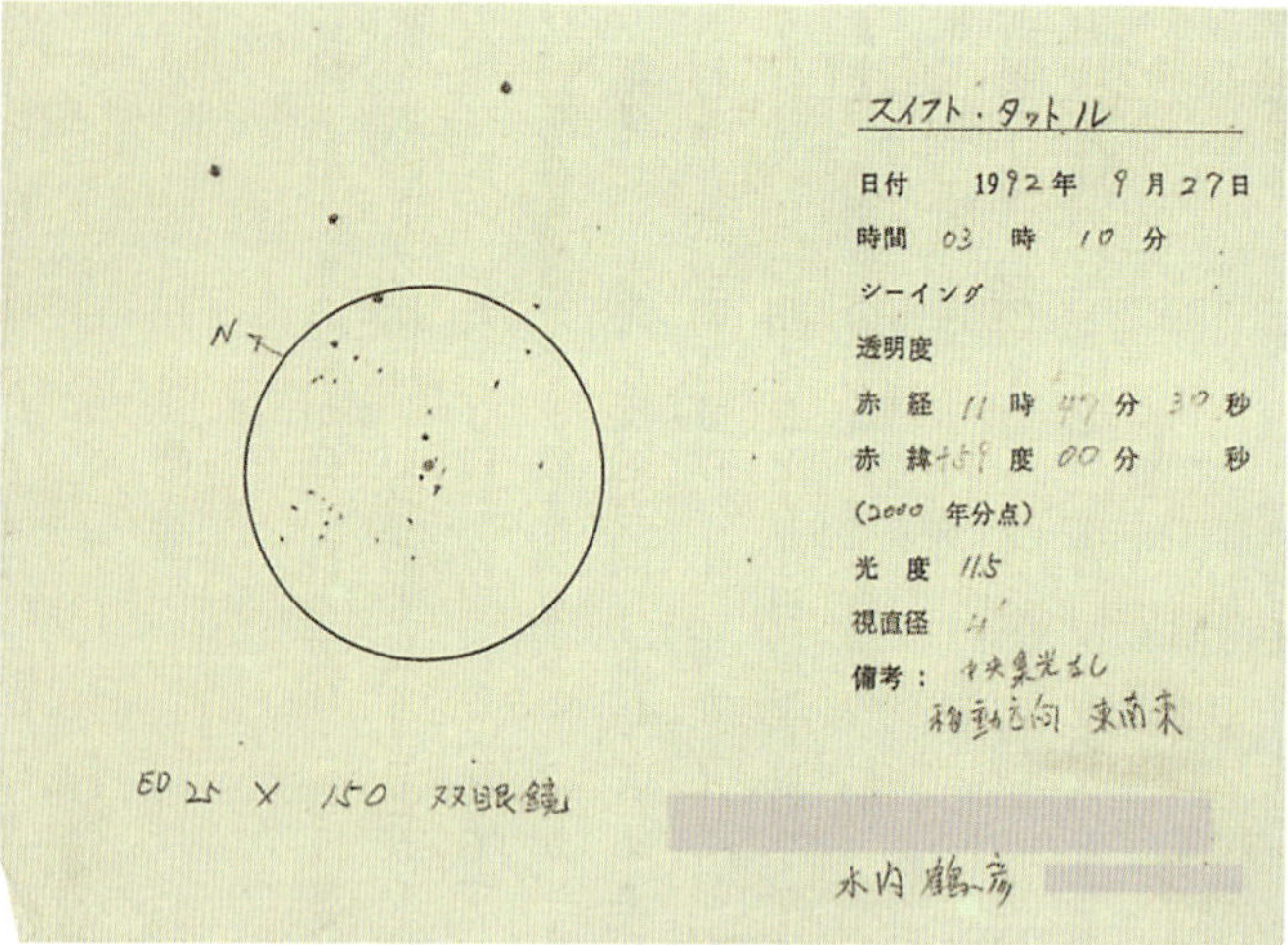

1992年に私が再発見したスウィフト・タットル彗星は、
次の接近の際に地球に衝突する可能性があることがわかった。

ところで、みなさんは夜空にどのくらいの数の星があるか知っていますか？

肉眼で見ることができる星の明るさは、五等星ぐらいまでですが、その数は三千個以上もあるといわれています。星の数は、一等暗くなるごとに二乗に正比例して増えていきます。つまり、二等星は一等星の四倍あるということです。ですから十三等星の星のなかから彗星を探すというのは、膨大な星のなかから、昨日まで見えなかったたった一個の光を探し出すということになります。それこそ、砂浜に落としたひと粒のごまを拾い出すようなものです。

それほどたくさんの星のなかからどうやって彗星を探すのかというと、まず彗星以外の規則的な動き方をする星の位置を覚えることから始めます。

星の位置を覚えるといっても半端な数ではありませんから、実際にはこれだけで何年もかかってしまいます。大きな星座を覚えるだけなら簡単なのですが、彗星捜索をするためには、十三等星ぐらいまでの暗い星の並びをすべて覚えなければならないからです。

大きな星座を基準に、その周りのどこにはどんな星があるのか、一つひとつ細かく暗記していきます。

でも星の並びを覚えただけでは、まだ不十分です。これは平面的に宇宙を見るという基本的な作業で、他にも宇宙を立体的にとらえる訓練が必要となります。

宇宙は空間です。私たちの住む地球は、水星、金星、木星などの惑星とともに太陽の周りを回っています。これが太陽系という一つのグループを形成しています。これらの惑星に対し、いろいろな星座を形づくっている星というのは、はるか遠く、太陽系の外に位置する恒星です。こうした星々の位置関係を空間という三次元でイメージし、その中を楕円《だえん》軌道を描きながら飛んでくるものとして彗星をとらえるのです。

これはちょうど、動く電車の中から外の風景を見ているようなものです。自分は動かなくても電車は進んでいますから、窓の外の風景はめまぐるしく変わっていきます。そのなかで一つの地点を観測しつづけようと思えば、あるときは前を見ていても、時間がたてば後ろを見なければならなくなります。天体観測でもこれと同じことが起こるのです。

太陽系と、その外にある星座との位置関係、それらを立体的にとらえることができれば、時間や季節が変わって星座の位置が動いても、見かけ上の方向に惑わされ

ることなく、彗星の軌道を正しく把握することができるようになります。

さて、問題はここからです。

実は、彗星捜索には「正しい探し方」というものはありません。大勢いる彗星捜索家がそれぞれ思い思いの方法で、彗星を探しているというのが実情なのです。

それでも大きく分ければ、二つの方法があるといえるでしょう。一つはランダムに夜空を観測する方法です。でもこれは非常に効率が悪いうえに、彗星を見つける確率は偶然まかせになるので、宝くじの一等に当選するより低いものとなります。

もう一つは、彗星の軌道を計算して観測する方法です。ほとんどの彗星捜索家がこの方法をとっています。

ところが、どうやって彗星の現れる場所を予測するのかというと、彗星捜索家一人ひとりが、みな違う計算方法をとっているのです。この計算法というのは、彗星捜索家にとっては、いわば企業秘密のようなものですから、他人に教えたりはしません。それぞれが試行錯誤をしながら、自分だけの計算方法を確立していくのです。

私も彗星捜索を始めたばかりのころは、計算式などもっていませんから、ただランダムに夜空を見ていただけでした。そんなことを何年か続けていましたが、彗星

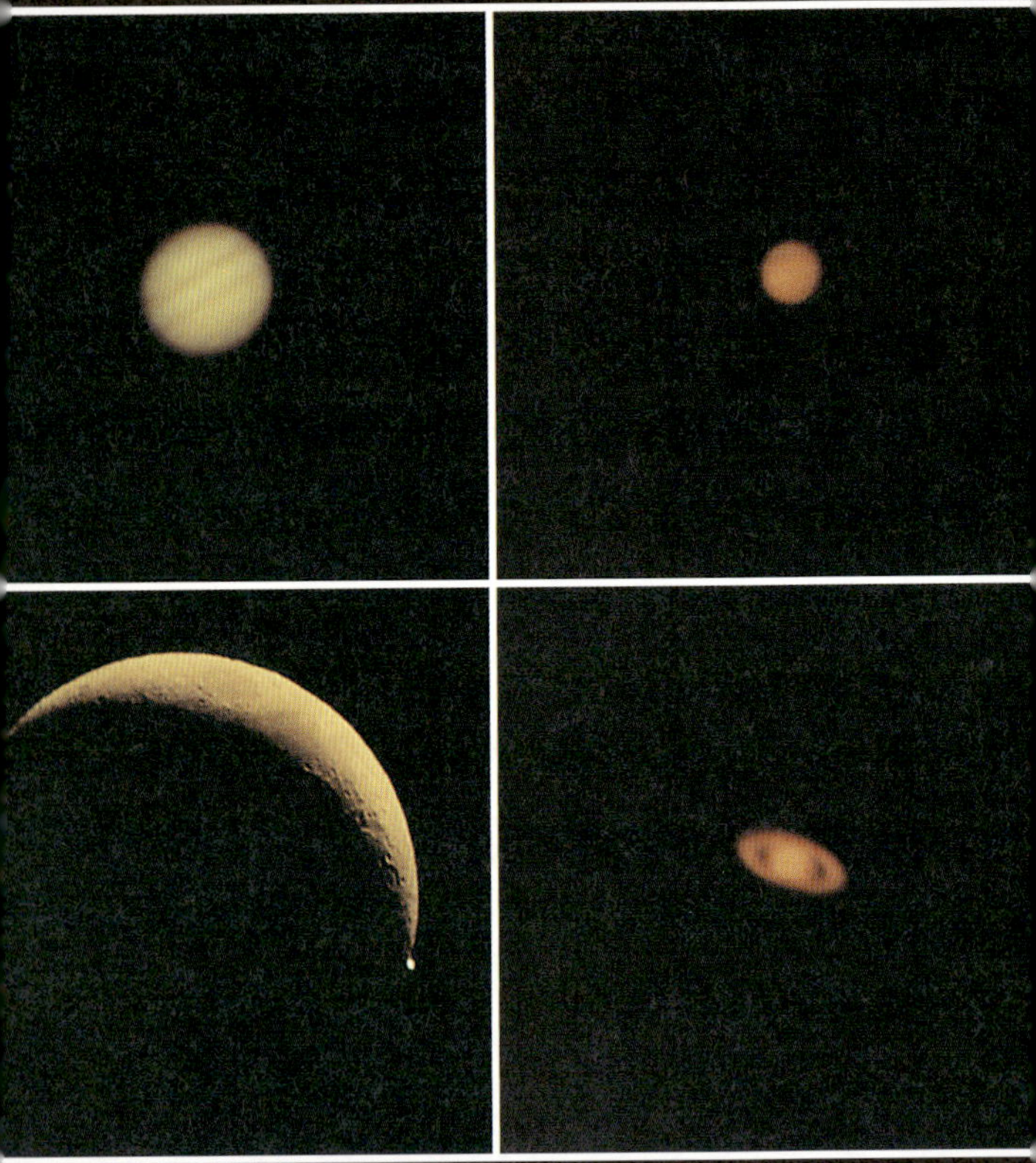

上：望遠鏡でのぞいた太陽系の惑星
（上右から火星、木星、下右から土星、月）。
観測地の長野は大気のゆれが大きいためにゆらいで見える。
左：1999 年、オーストリア・ザルツブルグで撮った
20 世紀最後の皆既日食。
指輪のように見えるのでダイヤモンドリングという。

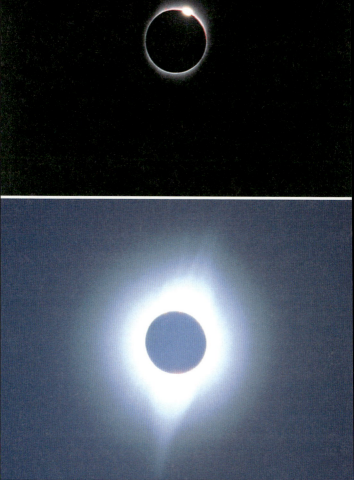

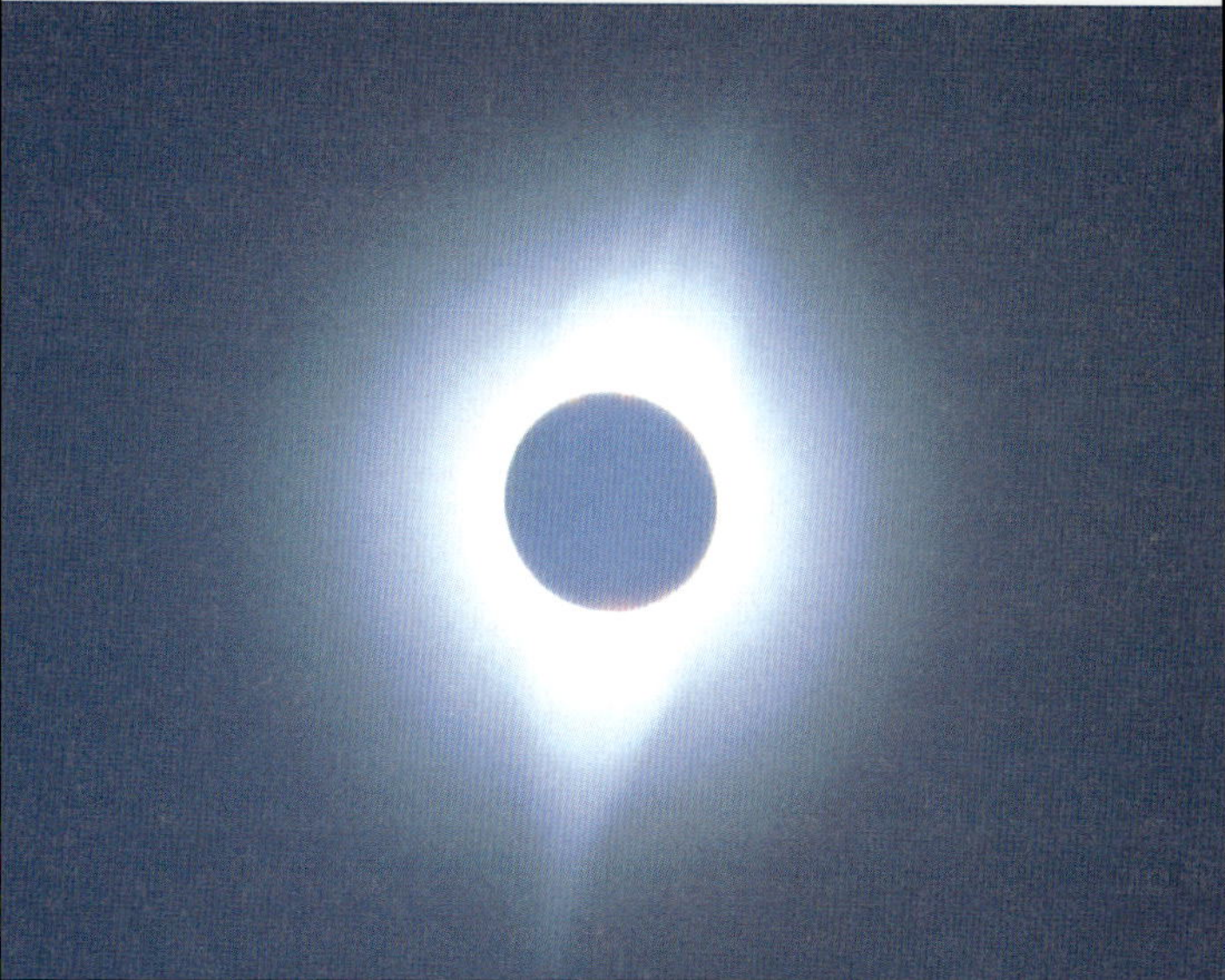

を発見することはできませんでした。やはりこの方法ではダメだと感じたころに、ある出来事をきっかけに独自の計算式を作り上げることができたのです。

そのきっかけとなったのは、釣りでした。

私はフライフィッシングという毛鉤《けばり》を使った川釣りをするのですが、その日はたまたま上流のほうに人がいて、あとから来た私は下のほうで暇つぶしに糸を垂れていました。先人を追い越して上流に行くというのは釣り人の間ではルール違反なので、上流へ行こうと思ったら先人が移動するのをじっと待たなければいけないのです。

私が糸を垂れたのは、ちょうど川がダムのようにせき止められて渦を巻く流れができている場所でした。そういう場所には、楕円を描くような一つの流れができます。フライフィッシングの場合、毛鉤がその流れに沿って自然に流れたときに魚が釣れます。でも、人間が少しでも糸を引いたりすると、動きが不自然になるのでしょう、絶対に魚はかかりません。

暇つぶしのつもりで気軽にやっているとき、イワナが一匹釣れました。それ自体はどうということではないのですが、次に同じ場所に同じように毛鉤を落とすと、またイワナが釣れたのです。同じところで同じ魚が釣れる。そこでちょっと場所をずらして毛鉤を落としてみたのですが、もうイワナは食いついてくれません。何度試しても同じ結果でした。

なぜ同じ場所でないとイワナは餌に食いつかないのか。考えた末、虫の死骸とかイワナの餌になるようなものは、必ずこの流れに乗って同じ位置に来るということをイワナは知っているのではないかと思い至ったのです。そのことを知っているから、イワナは餌の来る筋道で待ちかまえているのではないか、ということです。

この川の流れの中では、同じ重さの餌は同じ場所を流れる。それならば太陽系にやってくる彗星も、流れに乗って同じような場所に来るのではないか——そう考えたことが、私なりの軌道計算法を見つけるきっかけとなりました。

それから私は、過去に太陽に接近した彗星すべてのデータを調べ、その動きを数値化してみたのです。そうして自分で計算式を作ってみると、彗星の軌道には八つのパターンがあることがわかりました。こうして彗星を観測するポイントを絞り込むことができるようになったのです。

八パターン全部の軌道をチェックするとしても、広い天空の中のわずか八か所を

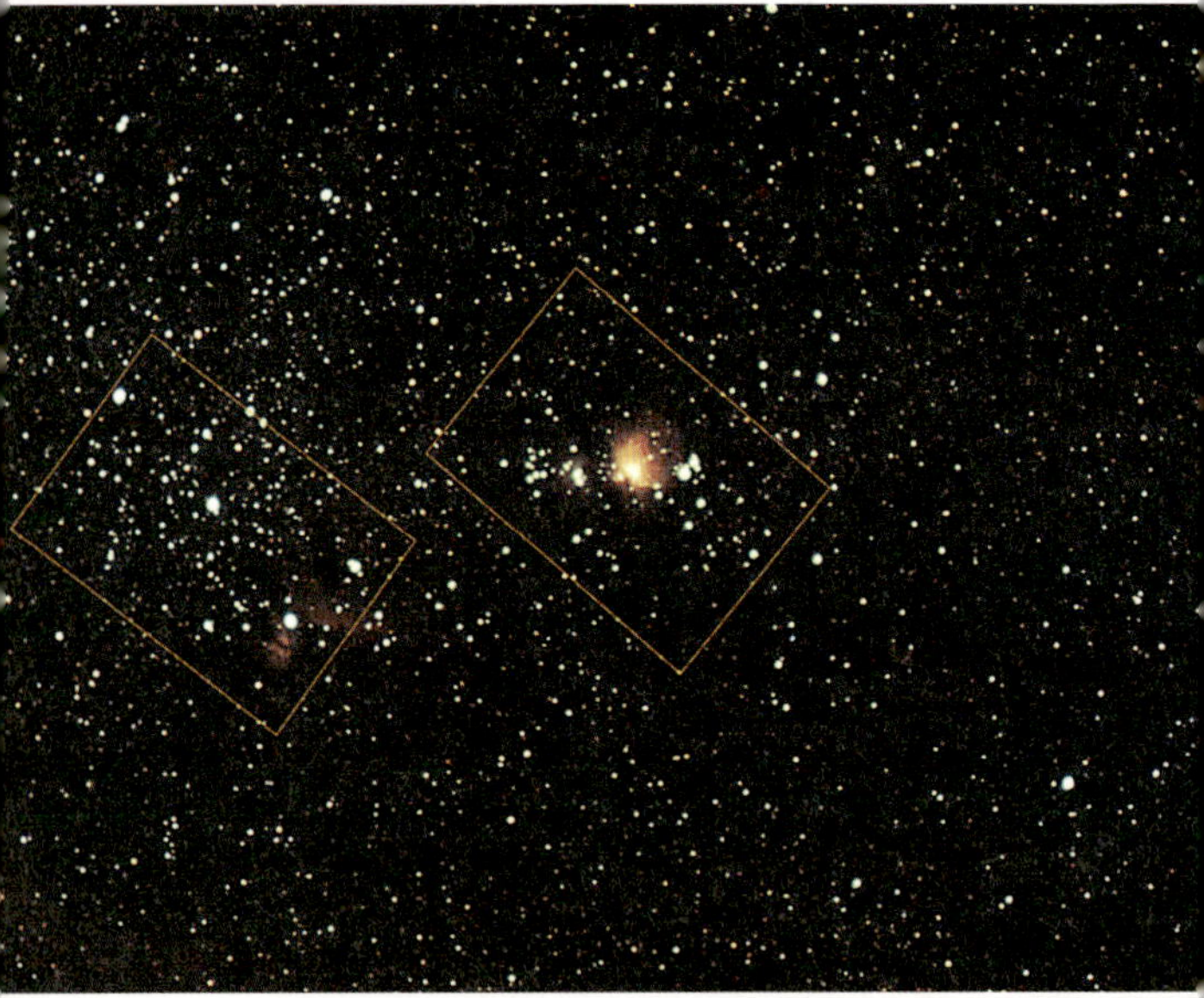

冬の星座として代表的なオリオン座。
肉眼でも見える三つ星（左上）の近くにある
小さな三つ星を拡大していくと、
オリオン大星雲が見えてくる（左下）。

観測すればよいのですから、ランダムに観測するよりもはるかに効率的です。そしてさらに、多くの彗星捜索家が、自分で割り出した軌道上を追いかけるようなかたちで観測していくのに対し、私はイワナよろしく彗星がやってくるのをじっと待ち伏せすることにしたのです。軌道計算が間違っていなければ、そこで待っていれば遅かれ早かれ、必ず彗星を観測することができるはずだからです。

私が最初に彗星を発見したのは、この計算式を確立してからわずか一年目のことでした。

そして、それ以後、一九九〇年七月十六日の「土屋・木内彗星」、一九九一年一月七日の「メトカーフ・ブルーイントン彗星」、一九九二年九月二十七日の「スウィフト・タットル彗星」と、わずか三年の間にたてつづけに四つもの彗星を発見することができたのです。

これらのうち、メトカーフ・ブルーイントン彗星とスウィフト・タットル彗星は、過去に発見されていたものですが、その後軌道を見失い行方不明になっていた彗星です。ですから、正しくは再発見ということになります。

星の下で始まった顔の見えない交流会

彗星の捜索には望遠鏡が使われます。私が使っているのは、直径一五センチのレンズを使った長さ九〇センチの双眼鏡です。双眼鏡といっても、重さが三〇キロもあるので、手に持って見ることはできません。大きな鉄製の台座に双眼鏡を固定して、立ったままの姿勢で観測します。

この双眼鏡の視野は約二・七度、彗星の捜索ポイントは一か所当たり約一〇度の範囲を観察するので、少しずつ視野をずらしながら見ていきます。彗星が一〇度の範囲を通過するのには約一週間かかります。ですから、雨の日や曇っていて星が見えない日があったとしても、一週間の間に彗星の軌道となる八つのポイントすべてを観察することができればよいのです。

観測ポイントが絞られたといっても、観測に費やす時間自体が減るわけではあり

上：ヘールボップ彗星（1997 年）。
過去何度か太陽に接近したことのある彗星に対し、初めて
太陽に近づいた「バージン・コメット」として話題になった。
左：ハレー彗星（1986 年）。一般にもよく知られた彗星。
大接近したときの写真。

ません。現在は彗星捜索は少しお休みしているのですが、以前は星が見えさえすれば夕方から明け方まで、毎日観測に行っていました。

彗星捜索は収入に結びつきませんから、昼間は仕事に行かなければなりません。四時半ごろ仕事から帰り、お風呂に入って二時間ぐらい寝て、暗くなるのを待って車で観測ポイントの山に向かいます。観測は、夜が明けて星が見えなくなるまで続けます。観測を終え、家に帰って二、三時間睡眠をとってまた仕事に行く。一日の平均睡眠時間は四時間ほどでした。そんな日々を何年も続けたのです。

慢性的な肉体疲労と睡眠不足、特に冬は寒さが半端ではありませんので体は大変でしたが、彗星捜索にはそうした苦労を差し引いてもあまりある喜びや楽しさがありました。

十三等星ぐらいの暗い星を見るので、観測は街の灯りの届かない高い山に登って行います。私の観測地点は標高一七五〇メートル、これは日本では最も観測に適した高さです。日本の気候風土では、それより標高が高くても低くても雲がかかりやすいのです。

「山の上で毎晩ひとりで星を見ているなんて寂しくないですか」という人もいます

が、私は星の観測をしていて寂しいと思ったことは一度もありません。夜の山は野生動物との出合いもありますし、人との出会いも意外とあるのです。

彗星捜索というのは、基本的にひとりで行います。グループで行動して、同じような場所で見て彗星を発見しても、おもしろくないからです。ですから一人ひとりわざと離れた場所で観測をするのです。

人によっては、観測中に他人が寄ってくるのを毛嫌いする人もいます。でも私の場合は、性格なのでしょうが、誰が来ても喜んで受け入れます。私は多くの人と星を楽しみたいという気持ちが強いので、話しかけてくる人がいれば歓迎してしまうのです。

夜の山に来る人などほとんどいないだろうと思われるかもしれませんが、実際はさまざまな人がやってきます。星に興味をもっている人もいれば、そうでない人もいますが、話しかけてくる人の第一声はたいてい決まっています。

「わぁー、星がきれいだね」

というのです。なかには、私が望遠鏡を空へ向けていることはわかるので、「望遠鏡で見たらよく見えるんでしょうね」と、いう人もいます。素直に「見せて」と

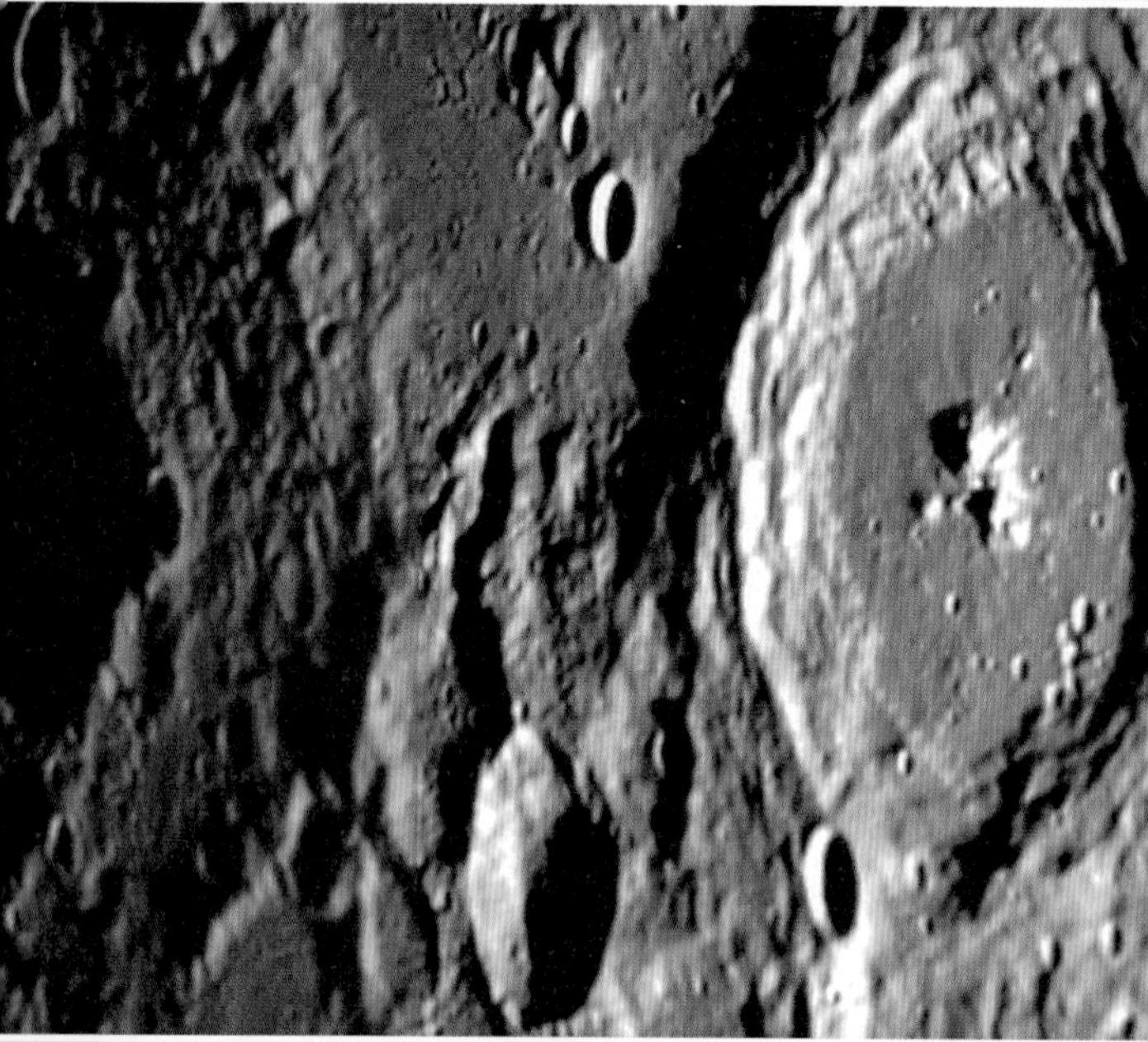

いってくれればよいのですが、なかなかそうはいいません。近くに来てはいるのだけど、ちょっと遠巻きにするような感じでためらいがちにたむろしているのです。

私はそういう人たちのために、いつもちょっと多めにコーヒーを持っていっていました。カップにコーヒーを入れ、声をかけてくれた人のところへ持っていくのです。不思議なもので、「コーヒーでも飲みませんか」と声をかけるだけでは、たいていの人は遠慮して断ってしまいます。でも、コーヒーの入ったカップを持っていくと、受け取って飲んでくれるのです。

カップを受け取った人は、自然と望遠鏡のそばに集まってきます。そしてコーヒーを飲みながら、いろいろな話を始めるのです。

深夜の山ですから、辺りは真っ暗でお互いの顔もはっきりとは見えません。それでも話をしていくうちに、声の調子で相手が心を開いてくれたのがわかります。

星が好きな人にも、興味がなかった人にも、私は星を通じていろいろな話をしました。

たとえば、冬ならオリオン座。これは星のことをあまり知らない人でも、簡単に見つけることができる星座です。誰もが知っているオリオン座のような星座でも、和名というのは意外と知られていません。そこで「オリオン座は日本では古くは鼓星といったのです。ほら、真ん中がくびれて鼓みたいな形をしているでしょ」という話をしたりするのです。

夏ならサソリ座。サソリの心臓に位置するアンタレスという星は、肉眼で見ても他の星と色が異なっていることがわかります。心臓にたとえられるのにふさわしい真っ赤な色をしているのです。

「アンタレスは酒酔い星っていうのですよ。ほら、酔っぱらったときのお父さんみたいに真っ赤な顔をしているでしょ」というように、知っていることにちょっとしたことをプラスしながら話していくと、みんな興味をもって聞いてくれるのです。

ときには「あっちの空は明るいでしょ、あれは東京の街の灯りでね」などと、星の話から地球環境の話にまで発展させます。

楽しいひとときを過ごした人は、しばらくすると今度は友達や家族を連れてまたやってきます。そうしていつの間にか私の観測ポイントは、夜の観測会のようになっていったのです。

参加者の顔の見えない不思議な観測会。誰も名前など名乗りません。声で「あっ、あの人だ」とわかるだけですが、みんな和気藹々《あいあい》としていて、毎回のように差し入れを持ってきてくれる人もいました。

私はいつも午前○時から一時間だけ休憩をとることに決めていましたので、何度か来た人は観測のじゃまをしないようにと、休憩時間に合わせて来るようになりました。そうして自然とその時間になると、大勢の人が集まるようになっていったのです。山の上の観測会、とはいっても自然発生的なものですから、みんなでお茶を飲んだり、星を見せたりするだけで特に決まりがあるわけではありません。星以外のいろいろな話で盛り上がることも少なくありません。観測会に来る人は、私のことは名前も顔もある程度知ってくれているのですが、私のほうは参加者がどこの誰なのかまったくわかりません。何しろ顔が見えないのですから。

それでも慣れてくるとみんな結構いいたいことをいうようになります。私が一つ問題を投げかけると、みんな飾らない素直な意見を出し合います。顔が見えないということが、自然とその人の地位や肩書といったものを取り除き、その人個人の姿を現してくれたのでしょう。

ある日、話が病院や医療のことに及び、「医者なんかろくでもない」という意見が出て盛り上がったことがありました。そこにいたみんなも「そうだ、そうだ」と、ふだんから感じていた医者や病院に対する不満を口にしたのです。

その数日後、私がある医学研究学会に呼ばれたときのことです。

「木内さん、この間はどうも」

と、素晴らしく恰幅《かっぷく》のいい白衣を着た医師が私に声をかけてきたのです。その方はすごく親しげに微笑《ほほえ》んでおられるのですが、私には見覚えがない。頭をフル回転させて思い出そうとするのですが、どうしてもわからない。そこで、思いきって「どなたでしたでしょうか?」と聞いてみたのです。すると、その医師はにっこり笑っていうのです。

「あっ、そうか。いつもは夜ですから。僕ですよ、この間コーヒーを持っていった……」

その声は、顔の見えない観測会でよく聞いていたものでした。そう思い当たると同時に、私は医者をろくでもないといって盛り上がったその日の会話を思い出したのです。

「えっ、お医者様だったんですか、この間はあんなことをいってしまって……。いや、申し訳なかったですね」

「あんなもんですよ、医者なんていうのは」

二人で笑い合いました。

思いがけない場所での再会は、他にもありました。某大学で物理学の先生に「木内さんの話は実におもしろい」と急にいわれてこちらがビックリしていると、「山で聞いたんですよ」といわれて顔を赤く染めたこともありました。

顔の見えない観測会では、話をするだけではなく望遠鏡の操作方法をみんなに教えたりもしました。そうすると、話が盛り上がったときに僕の代わりに星を観測してくれたり、新しく仲間になった人に星を見せてあげながら、自分が聞いた話を今度は自慢げに教えたりと、自然と動き出す人が現れてきます。私の話を受け身で聞いているだけではなく、自分から動き出すのです。この観測会で星を見る楽しさを知って、本格的に観測を始めた人もいました。

私が彗星を見つけたときも、みんな心から喜んでくれて、まるで自分の手柄のようにいろいろなところで宣伝してくれました。それは、地位や肩書、顔までも取り去ったところで生まれた、本当に不思議な一体感でした。


楽しいひとときが過ぎると、みんなは三々五々、山を去っていきます。それでも私の彗星捜索は朝まで続きます。

ひとりになると山は静けさに満たされます。星と私だけの世界。そんな静けさの中で星のきらめきを見つめていると、小さな星のかすかな瞬きが音になって響いてくるのを感じることがあります。特に細かい星がたくさん集まっている天の川は、実に繊細なメロディを聴かせてくれます。

実際に耳に音が聞こえるわけではありませんが、星の奏でる音が一つのメロディになって脳裏に響くのです。よく、一つの曲が耳について、何度も何度も頭の中に響くことがありますが、ちょうどあのような感じです。

その美しいメロディを何とかして他の人にも伝えたいと思っていたのですが、音楽的なセンスに乏しい私には、残念ながらその旋律を他の人に聴かせることができませんでした。たしかにずっと聞こえているのに、鼻歌にすることすらできなかったのです。

ところが、たまたまCDショップの前を通りかかったときのことです。いつも私の脳裏に響いていたあの星のメロディが素晴らしい楽曲となって耳に響いたのです。ビックリした私は、すぐに店内に飛び込んで、店員さんに曲名を尋ねました。

それはバッハの「チェンバロ協奏曲第三番」という、チェンバロ（ハープシコード）を用いた楽曲でしたが、本当に驚くほど天の川が奏でるメロディとそっくりなのです。

機会があれば、一度目を閉じてこの曲を聴いてみてください。きっと瞼《まぶた》の裏に満天の星を湛《たた》えた天の川を見ることができるでしょう。ですから私は、あの曲はバッハが星空を眺めながらそのインスピレーションを譜面に起こした旋律なのだと密《ひそ》かに信じているのです。

手作り望遠鏡をのぞいて知った別世界

六歳のときに星と運命的な出合いをしてから、私は毎日のように田んぼの土手に寝転がって星空を見るようになりました。そして、星とはどういうものなのか知りたいという気持ちが、私の中でどんどん大きく育っていったのです。

今は図鑑をはじめ、星について書かれた本がたくさんあります。公立の図書館も各地にありますから、星のことを知りたいと思ったら子供でもわりと手軽に調べることができます。しかし当時は図書館も少なく、本を買うといっても、とても高価なものだったので簡単に手に入れることなどできませんでした。

私が初めて星の本を読んだのは、小学校の図書室でした。図書室の片隅にたった一冊だけ星のことを書いた本があったのです。私はその本を借りて何度も繰り返し読みました。小学校を卒業するまでの六年間で、真新しかったその本が私の手垢《てあか》で真っ黒に汚れてしまうほど、何度も読んだのです。星はなぜ光っているのか、どうして移動するのかなど、いろいろなことをその本から学びました。

望遠鏡で星を見るようになったのは、小学校三年の夏のことでした。

当時読んでいた『こどもの科学』という雑誌に、「虫眼鏡で作る望遠鏡」という記事があったのです。

墨で黒く塗った厚紙を丸めて筒を作り、その筒の片側に虫眼鏡のレンズをはめ、もう片側には接眼レンズをつけるという簡単なものでしたが、これさえできれば星を間近に見ることができると思い、私は夢中になって作りはじめました。

父親に買ってもらった虫眼鏡の枠を外して、授業中に立てた教科書の陰で一生懸命に作っているところを担任の先生に見つかって、怒られたこともありました。でも、最終的には、その担任の先生がいちばんの理解者になって協力してくれたのです。

望遠鏡を完成させるためには、どうしても二枚のレンズが必要でした。父親も大きいほうのレンズに使う虫眼鏡は買ってくれたのですが、そのときは家の経済状態があまりよくなかったため接眼レンズまでは買ってもらえなかったのです。レンズを作ることもできず、困った私は先生に相談しました。私の家庭の事情を知っていた先生は、快く接眼レンズを買ってくれました。それが授業中に望遠鏡を作っていた私を叱った先生です。

望遠鏡ができたとき、先生と私は相談して、この喜びを学校のみんなで分かち合うことにしました。

当時、私の小学校には望遠鏡がありませんでした。だから誰も望遠鏡で星を見たことなどなかったのです。学校の用務員さんから物干し竿《ざお》を乗せる台を借りて、そこに手作りの望遠鏡をセットして、みんなで一つの星を代わるがわる見ることができるように工夫しました。先生と一緒に学校の友達に声をかけ、観測会が実現することになりました。授業が終わったあと、いったん家へ帰り、暗くなったころにあらためて校庭に集まって、みんなで星を見ることにしました。

最初に望遠鏡で見た星は、月でした。

初めて望遠鏡で見た月には、クレーターがはっきりと見えました。「すごい、すごい」「わあ大きい」「これが月？」などといいながら、みんなで月を見ているとき、一人の友達がポツンといいました。

「あれ？　ウサギはどこにいるのかな、ウサギがいないよ」

そのころはみんな純情ですから、月にはウサギがいると本気で信じていたのです。

正直に告白すれば、星の本を読んでいた私でさえ月にはウサギがいると信じていました。先生はというと、私たちの反応を見ながら、ニヤニヤと笑っているだけで何もいいません。

次に見た星は土星でした。それほど大きく見えたわけではありませんが、リングがあることははっきりとわかりました。あのころは土星というものをよく知りませんから、リングがちょうど麦わら帽子のつばのように見え、みんなで麦わら帽子星と勝手に名づけて、先生が土星だよといっても、「違うよ、あれは麦わら帽子星だよ」といって張り合ったりもしました。

今思えばたわいのないことなのですが、私たちはまるで土星を発見したかのような得意な気持ちになっていたのです。

その日、家へ帰っても興奮さめやらぬ私は、母親にその日見た星のことを早口でまくし立てました。そして「月を見たんだけど、ウサギがいなかったんだよ」と解決しなかった疑念も口にしたのです。ここで「月にウサギはいないのよ」といわれればまだよかったのですが、私の母親はニッコリ笑って、「そう、今日はウサギがたまたま月の裏側に行っていたのね」と答えたから大変です。じゃあ、明日は表に出てくるかもしれない、そう思った私は矢も盾もたまらず、それから連日、友達を集めて月のウサギを発見すべく観測を続けたのです。

ところが、いつまで観測してもウサギは一向に現れてくれません。三日月だった月がだんだんと太っていって、満月になってもウサギは現れてくれません。

おかしいなと思った私は、学校の図書室で星の本の月に関する部分を読み直してみました。その本には、たしかにウサギの絵姿が描かれた月のイラストがあったと記憶していたからです。しかし、よくよく読んでみると、月の表面の海と呼ばれている黒っぽい部分がウサギの顔の形に見えることから、月にはウサギがすんでいるという伝説ができたと説明文に書かれていたのです。

月にウサギはいないんだということを、私はそこで初めて知ったのです。

月にウサギはいない――それはたしかにがっかりすることではありましたが、そのことで望遠鏡で星を見る楽しさ自体が色あせるということはありませんでした。

最初に手作りした望遠鏡の倍率は、たしか十倍程度だったと思います。それでも土星のリングや月のクレーターなど、肉眼では見ることができない星の世界を楽しむことはできたのですが、観測を続けるうちにもっと倍率を高くしたい、もっと大きく星を見たいと思うようになっていきました。

それから私の望遠鏡の改良が始まります。

最初のものは虫眼鏡のレンズと接眼レンズだけでしたが、そこに凹レンズをつけもっと倍率を高くしたりもしました。他にも、顕微鏡とくっつけてみたり、壊れたレンズをもらってつけてみたり、本当にいろいろなことを試したのです。

天体観測に明け暮れた三年生の夏休みが終わったころから、私は新聞配達のアルバイトを始めました。当時は貧しい家庭の子供が新聞配達のアルバイトをするのは、決して珍しいことではありませんでした。私の友達にも三人ぐらいアルバイト仲間がいましたので、そのこと自体をつらいと思うことはありませんでした。

ただ、新聞配達を始めたので、夕暮れ時に田んぼの土手でゆっくりと星を見る時間がなくなったことだけが、ちょっと寂しく感じられました。

それでも、アルバイトを始めたおかげで望遠鏡をチューンアップするための資金が少しできたことは私の夢をさらに膨らませていきました。アルバイトをするときも望遠鏡を首から吊《つ》るして肌身離さず持ち歩き、星を見ることだけは続けていました。そうして今度は、さまざまな場所で星を見るという新たな楽しみを覚えていったのです。

ある日、朝刊を配達している途中、東の山のほうから光の尾を引く星が昇っていくのを発見しました。

あれは何だろうと思い、首から下げていた望遠鏡をのぞいてみましたが、とにかく見たこともない星なので、何だかわかりません。わからないけどすごいものらしいということだけはわかりました。急いで新聞を配り終えると、家へ戻りすぐに父親に今見てきた不思議な星の話をしました。

父親は、「そんなにすごいものなら新聞に出ているだろう」といって、新聞を見てくれました。そして、私が発見した不思議な光の尾をもつ星の正体がわかったのです。

それは「池谷・関彗星」という日本人によって発見された彗星でした。忘れもしません、私が小学校五年生の十一月のことでした。新聞を調べてみると、何日も前から、彗星が近づいているという記事がちゃんと載っていました。私は新聞を毎日配りながら、その記事をまったく読んでいなかったのです。

彗星には発見者の名前がつくということを知ったのも、そのときでした。星に自分の名前がつく――それは天体少年だった私にとって、とても魅力的なことでした。そしてその日から、いつかは自分も彗星を発見して自分の名前をつけるんだという夢を抱くようになったのです。

私の彗星に対する興味は、中学生になるとますます高まっていきました。

中学生になった私は、地元の天文同好会に入会し、本格的に星の観測をするようになりました。その同好会は、地元のカメラ屋の主人を会長に一般の同志によってつくられたもので、会員にはいろいろな人がいました。先輩のなかには、きちんとしたメーカーの素晴らしい天体望遠鏡を持っている人もいました。その望遠鏡で星を見せてもらったときの感動は大変なものでした。観測方法などいろいろなことも教えてもらい、真剣に天体観測にのめり込んでいったのも、そのころからです。

彗星に関する本もたくさん読みあさりました。そのなかに、「彗星が生命のもとを運んできた」というようなことを書いてあるものがあったのです。彗星の中に含まれるさまざまな成分が地球に降り注ぎ、生命体をつくり出すもとになったというのです。六歳のときに星を見て、なぜ自分はここに存在しているのか、人間とは何なんだろうという疑問をもった私にとって、この説はとても興味深いものに映りました。

こうして私は星のなかでも彗星に強い興味をもつようになったのです。

私が中学二年生のとき、ちょうどアポロ11号の月面着陸があり、日本でも宇宙ブームが巻き起こりました。雑誌もテレビも、その話で持ちきりです。そこで天体少年だった私も今こそ本領発揮とばかりに、同好会の先輩に頼んで望遠鏡を持ってきてもらい、学校の庭で「星を見る会」を催すことにしたのです。

学校に交渉して校庭を開放してもらったり、友達とチラシを作って駅や目立つところに貼らせてもらったり、もちろん同好会の先輩方にも協力してもらって、どんな星を見せたらいいかなど、事前に進行の打ち合わせも綿密にしました。

私が「星を見る会」を開いたのは、小学校のときに友達と校庭に集まって星を見たときの楽しさが心に強く印象づけられていたからでした。一人でも多くの人と星を見る喜びを分かち合いたい、という気持ちをずっともっていたのです。

「星を見る会」の当日。その日は土曜日だったので、友達はいったん家へ帰り、出直してくることになっていたのですが、私は家がちょっと遠かったということもあり、家には戻らず学校に残って準備をしながら時間になるのを待っていました。

ふと見ると、校庭の隅に麦わら帽子をかぶったおじいさんが、ぽつんとひとりで座っています。時間的にはずいぶん早かったのですが、星を見に来てくれたのかもしれないと思い、声をかけてみると、やはり「星を見る会」に来てくれた方でした。

そのおじいさんは明治生まれで、小さいときから星が好きだったのですが、時代が時代ですから天文をやりたくてもやれずに過ごしてきたという方でした。

「わしは生まれてからまだ一度も望遠鏡で星を見たことがないんだ。一生に一度でいいから、望遠鏡で星を見たかった」

おじいさんは、ちょっとはにかみながら私にそう語ってくれました。

その日の「星を見る会」には、子供だけではなく大人もたくさん来てくれて、三百人もの人が校庭に集まりました。人数が予想以上に多かったので、それほど長い時間星を見てもらうことはできませんでしたが、先ほどのおじいさんが望遠鏡をのぞきながら興奮している姿を見たときは本当にうれしくて、観測会を開いてよかったと心から思いました。

　私が大人になってからも地元で星を見る会の活動を続けたり、彗星捜索をしているときに知らない人たちをみんな受け入れていくのは、このときの喜びが原点となっているのかもしれません。私にとって観測会は、単に星を見るということだけではなく、大勢の人と心を通じ合わせ、喜びを分かち合う行為そのものなのです。

突然襲った病魔、死の淵で考えたこと

「宇宙をどこまでも行ったら、どこにたどり着くのか」「今ここにいる自分とは何者なのか」

——思い返せば、六歳で夜空を眺めて以来、それらの疑問はいつでも私の胸の中にありました。それから十数年の後、私は自らその謎を確かめる体験をすることになるのです。

星ばかり見ていた天体少年の私も、高校生になると、音楽やケンカなど普通の高校生の男の子が夢中になるようなことにも興味をもつようになっていきました。星を見るのが嫌いになったのでもつまらなくなったのでもありませんが、友達と一緒にちょっと悪いことをしてみたり、やんちゃなことをするのが当時は無性に楽しく、また格好よく感じられたのです。

でも、ちょっと悪ふざけが過ぎ、高校は途中でやめることになってしまいました。そして東京に出て就職したのですが、仕事に喜びを感じることもできず、自分の人生はずっとこのままなのかと、つまらなさとも不安ともつかない気持ちを抱きながら日々を過ごしていました。

そんなとき、よく気分転換に行ったのが航空自衛隊の厚木基地でした。基地のフェンス越しに飛行機が発着するのを何時間も飽きることなく見ていました。自由に大空を飛んでいる飛行機が無性にうらやましく思えたのです。

その後、勤めをいくつか変えたあと、私は航空自衛隊に入隊しました。やはり星への思いがどうしても自分の中から消えなかったからです。

アメリカで宇宙飛行士になりたいと思ったら、まず空軍かNASAに入ることだと聞いていた私は、たぶん日本でも同じだろうと勝手に考えていたのです。そして、自衛隊の試験に合格したときに、将来、宇宙飛行士になれるかもしれないという淡い期待を抱いて、航空自衛隊へ入隊したのです。

自衛隊に入ってからも、自前の望遠鏡で星を見ることは続けていました。部隊に配属されると、官舎の子供たちを集めて観測会を開いたりもしていました。さすがに宇宙飛行士になることはできませんでしたが、子供たちと星を見る日々は、私にとってそれなりに楽しく充実したものでした。

今思えば、その平和な日々は、私の人生を変えることになる、あのとてつもない出来事を経験する前のつかの間の静けさだったのかもしれません。

☯

それは、私が二十二歳のときに突然起こりました。

当時、私は茨城県の百里基地でディスパッチャー（飛行管理）という仕事についていました。この仕事はただでさえハードなのですが、ちょうどそのころは、ミグ25という当時のソビエトの最新鋭ジェット戦闘機の亡命事件があったため、連日、ふだん以上の仕事量とプレッシャーを強いられていたのです。

ミグ25をギャラクシーという飛行機に積んで基地まで運んでくることになったのですが、それをどのようにして降ろすのか、着陸時の衝撃に滑走路が耐えられるのかなど、細かいことまですべて計算し、安全を確保しなければなりません。自分たちの仕事に少しでもミスがあると即事故につながる、非常に責任の重い、神経をすり減らす業務なのです。

そんなハードな業務に耐えかねたのか、一九七六年三月、私の体は突然、悲鳴を上げました。

その日、夜勤についていた私は、勤務終了時間が近づく夜明けの空を窓越しに眺めていました。エプロン（駐機場）に並べられた戦闘機も滑走路も、その奥に見える筑波の山並みも、すべてのものがいっせいに朝焼けに染まり、それはたとえようもないほど美しい情景でした。

「何て美しいんだろう……」そう思っていた刹那、それはやってきました。

今まで経験したことがない激痛が腹部を襲ったのです。体中の血が一気に引き、私はその場に崩れ落ちました。

「いったい、どうなったんだ……」

薄れゆく意識を必死に奮い立たせ、状況がまったく理解できないながらも、私はそばにあったソファに這《は》い上がり、身を横たえました。助けを呼びたくても、あまりの痛さに声も出せません。幸い隣の部屋で仕事をしていたクルーが物音に気づき、すぐに衛生隊へ連絡してくれました。

しばらく安静をとると、激痛は少し和らいでいったものの、今度は腹部が異様なほど張ってきました。私の病状を尋常ではないと判断した医官は救急車を呼び、近くの病院へ私を搬送しました。その病院ですぐに精密検査が行われたのですが、どうも原因がはっきりわかりません。そのうち再び腹部が張り出し、激しい痛みが襲ってきました。そのときの痛みは激痛などという生やさしい言葉では表現しきれません。何度も意識を失っては、また、あまりの痛みで目が覚めてのたうち回る、そんなことを何度も繰り返したのです。

私の様子を見た医者は、もっと設備の整った大きな病院で手術をしなければ手遅れになると、その夜のうちに東京医科大学病院へと私を移しました。

東京医科大学病院に着くとすぐに、手術の前にパンパンに張った胃の内容物を抜き取る処置がとられました。あとから聞いた話ですが、担当した医師は、よくこれで胃が破裂しなかったものだと驚いていたそうです。

胃の中のものをすべて出してしまうと、それまでの痛みが嘘のように消えていきました。しかし、時間がたつと胃にまたものがたまってしまうため、手術はもっと詳しく検査をしてからということになり、その夜は排出用チューブを胃に入れたまま、眠りについたのです。倒れる前の夜勤から数えて、丸二昼夜睡眠をとっていなかった私は、病院のベッドで疲れ果てて泥のような眠りにつきました。

このときはまだ何の病気なのか医師にもわからず、私もそんなことを考える余裕はありませんでした。ようやく激痛から解放された体を休めるだけで精いっぱいだったのです。

☯

夜が明けたとき、七二キロあった私の体重は、信じがたいことに四二キロにまで激減していました。極度の脱水状態で生きているのが不思議なほどでした。臓器の機能が低下し、たった一夜でとてもではありませんが手術に耐えることなどできない体になり果てていたのです。

昨日の激痛とは違う倦怠感《けんたいかん》をともなう痛みが全身を包み込んでいました。ただベッドの上に寝ているだけなのに、痛みに耐えられず、意識もとぎれとぎれにしかありません。

手術どころか動かすのも危ない状態になってしまったため、医師も点滴をする以外に手の施しようがありません。私はただ苦しみにさいなまれながらそれからの数日間を過ごしました。こんな状態になっても、まだ私が息絶えないのが、医師たちにとっては不思議だったそうです。

一夜にして四二キロまで減った体重は、その後も減りつづけ、数日後に両親が面会に来てくれたときには、私だということがわからないほどに痩せこけてしまっていました。

最初の一週間、私は際限なく繰り返される痛みの波に、地獄の責め苦のような苦しみを味わいつづけました。しかし、それが過ぎると、痛みの感覚までもが麻痺《まひ》しはじめ、朦朧《もうろう》とした時間を過ごすことが多くなっていきました。そうなると意識が戻っていても、視力はほとんどなく、しゃべる力もありません。ただ、耳だけが異様に研ぎ澄まされていたのです。

そんな私の耳に、廊下で両親に病状を説明している医師の声が、まるで耳元で話しているかのようにはっきりと聞こえてきました。

「残念ですが、おたくの息子さんはもってあと一週間でしょう。腸閉塞を起こしていることは確かですが、このようなケースはこれまでに症例もなく、検査も充分にできない状態なので、病名はわかりません。いえるのは、今の状態で検査をすれば、確実に死ぬということだけです」

――あと一週間の命。

そう宣告されて初めて、「死」というものが現実の重みをもって私の心に迫ってきました。

そのときに最初に考えたのは、荼毘《だび》に付される、つまりこの体が焼かれてしまうのかということでした。死んでしまえば意識はなくなるとわかっているのですが、それでも焼かれるというのは熱くないのかなとか、灰になるんだな、というようなことがとても気になるのです。

意識はあるのにベッドの上で身動きすらできず、ただ死の訪れを待っているだけの自分。よく、死の間際に走馬灯のように自分の一生を再体験するといいますが、私の場合は逆で、現在から少しずつ過去に向かって記憶が甦《よみがえ》っていきました。

自分の過去を振り返ると、忘れていた気持ちを当時のままに思い出していきます。

自分はこういうことをやりたかったんだ、ああいうところにも行きたかった——そういう思いが、それこそ津波のように心に押し寄せてくるのです。それは後悔以外の何ものでもありませんでした。

あれもしたかった、これもしたかった、いくら後悔しても、私に残された時間はあと一週間なのです。しかも、まともに動くことはおろか、話すことすらできない。それは肉体の痛み以上につらい、精神の激痛でした。

死が迫ってきたときのもう一つの苦しみは、死に対する恐怖でした。自分が死ぬということのいたたまれなさ、すべてが消えてなくなるということに対する恐怖。後悔と恐怖が、メビウスの輪のように表裏一体となって、途切れることなく繰り返し頭の中を回りました。

☯

余命一週間といわれてから四日が過ぎたころ、私はふと「死ぬってどういうことなんだろう」という、とても根源的な疑問を抱きました。

今、自分は死とは無になることだと決めつけているけど、本当にそうなんだろうか。もし、無になるのだとしても、その無というのはどういうことなのだろう。無とは真っ暗なのか、それとも真っ白なのか――そんなことを考えているうちに、「宇宙はビッグバンによって無から生まれた」という言葉を思い出したのです。

宇宙はビッグバンと呼ばれる大爆発によって「無」から生まれた。これは現在最も信憑性《しんぴょうせい》が高いとされる宇宙起源説です。

無から誕生した宇宙。その宇宙の中で星が生まれ、私たち生命体も生まれた。つまり、今のこの自分の意識さえも、もとをただせばビッグバンによって無から生まれたものだということができるのではないか――そう考えたのです。すべてが死んでしまえば、また無に戻る。私が死んでいくのは、そういう意味での「無」の世界なのかもしれない、と。

屁《へ》理屈だといわれれば、そのとおりでしょう。しかし、行き先がわからない「死」というものに直面していた私にとって、この「無の世界が存在する可能性」は大きな希望となっていったのです。

それから私は、この無の世界についていていろいろなことを考えました。私たち人間が生きているのは、物質の世界です。それならば物質ではない世界があるのではないか、そしてそれこそが無の世界ではないのだろうか、と考えたこともありました。いろいろと想像するうちに、気が楽になっていき、最後には無の世界に行くのが少し楽しみに思えるようにさえなっていきました。死に対する恐怖から脱し、ようやく死を受け入れる心の準備ができたのです。

昏睡状態の中で見た不思議な世界

そして迎えた一週間目の朝。

病院の近くにある保育園から流れる楽しげな音楽で、私は目覚めました。

「今日、自分は死ぬんだ」

私は、そう思うと同時に、何か自分だけが世界から取り残されてしまったような、異様な感覚を味わいました。

今日、自分が死んでも、世界は何も変わりなく続いていく――保育園から流れる音楽は、そんなことを私に知らせているように思えました。

その日は、付き添ってくれていた両親も姉も、担当の医師も、そして私自身も死を確信していました。しかし、私の病気がどのようなもので、なぜ私が死ぬのかということは、その場にいる誰一人としてわかっていなかったのです。

父にはそのことが耐えられなかったのでしょう。回診に訪れた担当医に「死ぬ前に息子を検査してくれ」と申し出たのです。

――どうせ今日死ぬのなら、検査をして病気の原因を突き止めてやってほしい。息子だってそれを聞いてから死にたいと思っているはずだ。もし自分だったら死んでから解剖されて、ここが悪かったんですといわれるのは耐えられない。どうせ今日死ぬといわれているのだから、死んでもいいから検査をしてほしい――

そのときの私は、傍目《はため》には意識不明で昏睡《こんすい》状態に見えるのですが、実は意識もはっきりしていて、父と担当医が話している内容もすべて理解していました。

父の言葉を聞いた私の正直な感想は、「そうか、そういえば自分は何の病気で死ぬのかわかっていなかったんだ」というものでした。そのときは私ももう完全に死を受け入れていたので、今さら検査をするなどということは、思いもしていなかったのです。

しかし、父の言葉で現実に引き戻されてみると、たしかに理由もわからずに死んでいくのも気持ちが悪いし、検査をしてもらったほうがいいなとも思いました。

結局、父の強い希望がとおり、私の検査が行われることになりました。

造影剤を鼻から入れ、いろいろな角度からレントゲン写真を撮られるのですが、途中、体の位置を変えるたびに激しい痛みに襲われ、私はレントゲン台の上で何度も意識を失いました。

苦しかった検査が何とか終わり、私は病室へと戻されました。

病室のベッドに戻ると、検査の疲れから私の意識は急速に薄れていきました。それでも母が姉に今のうちに一度家へ戻って親戚に連絡をしなさいといったり、細々と葬式の準備の話をしているのは聞こえていました。

母と姉の会話を聞きながら、私の意識は遠のいていきました。

それから私は、現実とは違う不思議な世界をしばしの間、旅することになるのです。

どれほどの時がたったのでしょうか。次に意識が戻ったとき、なぜか私はどこか真っ暗な場所でぬかるみを這いずり回っていました。

「ここは、どこなんだ……。なぜ俺はこんなところにいるんだ……」

ベッドに横たわっていたはずの自分が、なぜこんな暗闇を這いずり回っているのか、私の頭は混乱するばかりでした。手足には、水を抜いた田んぼのようなどろどろとした感触がありました。それは明らかに夢よりもリアルな感覚でした。

混乱した頭で無我夢中に這いずり回り、やがて疲れ果て、ぐったりと横たわったとき、遠くのほうにかすかな一点の光が見えました。それは、まるで暗い夜空でやっと見ることができる六等星ほどの明るさの光でした。

真っ暗闇の中、その光をめざして進んでいくと、光はだんだんと面積を広げ、その光が洞穴の出口であるらしいことがわかりました。

私は洞穴から外へと出ました。外は一面の草原で、後ろを振り返ると、土手に大きな穴が口を開いていました。

暗闇からは解放されましたが、その草原も決して明るい場所ではありませんでした。部屋の照明を小玉電球だけにしたときよりも、もう少し暗いぐらいの明るさです。そのほの暗い空の彼方《かなた》に一点だけ輝いている場所がありました。その光源が全体を照らしている、そんな印象でした。私は、再びその光に向かって進むことにしました。

裸足《はだし》の私には、たしかに草を踏む少し湿った感触がありました。草を踏んだときの青臭い香りもかすかにしていました。そうした五感が、これは夢ではないと私に告げているようでした。

しばらく立って歩いていくと、揚子江《ようすこう》を思わせるほどの大きな川が左から右のほうへゆっくりと流れているのに出くわしました。これが三途《さんず》の川というものなのかなと思った私は、昔お年寄りから聞いた話などを思い出しながら、船頭を捜しはじめました。

しかし、いくら捜しても、船頭は見つかりません。それでも光源のある対岸に何とかして渡らなければならないと思い、川べりを調べながら歩いていると、生えているヨシの間に一艘《そう》の木造の小舟を見つけました。朽ちかけたボロボロの小舟で、オールも何もありませんが、幸いなことに水は漏っていません。その小舟に乗って手で水をかきながら私は対岸をめざすことにしました。

ところが、水をかいてもかいても、なかなか対岸には行き着きません。腕が疲労で棒のようになり、休んで後ろを振り返ると、やっと川幅の半分ぐらいまで来ていました。戻るに戻れない微妙な距離に、やはり進むしかないと、また生ぬるい川の水に腕を突っ込みます。何度か休みながら、やっとの思いで対岸にたどり着いた私は、舟から這い出して、疲れきった体を岸辺に横たえました。

ふと頭を上げると、一五メートルほど離れたところに、焚《た》き火のような光の揺らめきが見えました。そこには五つの人影のようなものが立っています。「あれは何だろう」と思いながらじっと見つめていると、そこから一つの影が近づいてきました。

それは喪服を着た中年の女性でした。その女性は私のところまで来ると、私に向かって話しかけてきたのです。

「鶴彦、おまえは何をしに来たんだ」

何をしに来たと聞かれても、来たくて来たわけではないので答えようがありません。黙っていると、その女性は「ついておいで」といい、焚き火のような光のところへ私を連れていきました。

そこには三人のお年寄りと一人の青年が立っていました。私はその青年の顔を見て驚きました。なんと私が中学生のときに亡くなった仲のいい従兄弟《いとこ》だったのです。従兄弟は、亡くなった当時の姿そのままでした。白装束をまとった従兄弟は、しばらくぶりに会った親戚よろしく家族の消息などを私に尋ね、私たちはしばし世間話に花を咲かせたのです。

しばらくすると先ほどの中年女性が「これから素晴らしいところへ行くからついておいで」といいました。私は従兄弟に別れを告げ、またいわれるままにその女性についていきました。

周りを見回すと小高い丘の向こうに明るい光が見えます。

女性の後をついて丘を登っていき、丘の頂上から向こう側を望むとそこは果てしなく広がる金色の世界でした。足元には、膝丈ぐらいのチューリップによく似た花が咲き乱れています。花の色は赤、黄、白、紫などさまざまで、まるでペルシャ絨《じゅう》毯《たん》を敷き詰めたような美しさでした。

丘を下りはじめると、甘い香りとともに何とも心地のよい風が吹いてきました。

暑くもなく寒くもなく、歩いていく途中で遠くの光のいちばん濃いところから光が時折ふわっと飛んできて私の体を包んだりもしました。それはとてもやさしい光で、包まれた瞬間、まるで柔らかい布でくるまれたようなほんのりとした温かさを感じるのです。

私は空を見上げたり、花園に仰向けに寝転がって深呼吸をしたりしながら坂道を下りていきました。ところが、しばらく下りていったとき、ふと見ると私の前を歩いていたはずの女性の姿が見えなくなっていたのです。

「あれ、どうしたんだろう」

そう思ってキョロキョロと辺りを見回していたとき、私の意識は唐突に、病院のベッドの上に戻されたのです。

現実に戻ってみると、先ほどまで丘の上を気持ちよく歩いていた私の体はピクリとも動かなくなっていました。足元の簡易ベッドでは父親が仮眠をとり、母親は私のベッドの脇で点滴の落ちる様子をじっと見守っていました。

再び私の脳裏には「死」という言葉が浮かびました。

それと同時に、先ほど受けた検査の結果を聞くなら、意識が戻ったこの機会しかないと思ったのです。枕元にあるはずのナースコールを手探りで捜していると、それに気づいた母が私の手の中にナースコールを握らせてくれました。私の心臓が止まったのは、手の中のナースコールのボタンを押そうとした、そのときでした。

トックン、トックンと脈打っていた拍動がクッと止まったのが自分でもはっきりとわかりました。「あっ、心臓が止まった」――その後「息ができない」と感じているのですが、痛みも苦しみもありません。

母の顔が私に近づき、体を揺さぶりながら「死んじゃった!」といっているのもはっきりと聞いていました。

母は寝ていた父を起こし、ナースセンターへ駆けていきました。父は呆然とした様子で、ベッドの足元の柵を握りしめながら私のほうを見つめています。

私はその父の顔をずっと見ていました。「俺は大丈夫だから」そういいましたが、父は何も反応しません。心臓と呼吸が止まったという自覚はありましたが、私の意識は少しの断絶もなく、連続してそこにありました。意識はもちろん、見えるのも聞こえるのも、生前と少しも変わりなく続いていたのです。むしろ生前よりも体の痛みがなくなったぶん、軽くなったように感じていました。

何とかして自分が大丈夫だということを父に知らせようと、私は上半身を起こしました。ところが父親の目線は起き上がった私を通り越し、ベッドの枕元を見ています。おかしいなと思い振り向くと、そこには生命活動を停止した私の体が横たわっているではありませんか。

「俺はここにいるのに、どうしてベッドの上にも俺がいるんだ！」

目に映った情景が理解できず、私は完全にパニック状態に陥っていました。自分自身の意識が連続してあるため、自分は生きているのだと思っていたのです。

しかし、呼べど叫べど父は私の声に反応しません。耳元で叫んでみようと、父に近づいていくと、突然、私の視線がベッドに横たわる自分の体をとらえました。辺りを見ようとしても視線が動きません。おかしいな、と思ったとき、先ほどまでは見えなかった鼻柱が視界の中にありました。

そこでやっと気づきました。私は父親の肉体に入り込み、父の目を通して見ていたのです。

このまま父の体にいてはいけない、そう思った私はもう一度「俺は生きている」といって父の肉体から出ました。

そうしている間に、看護師さんが病室に駆け込んできました。看護師さんは父に病室の外に出るようにいうと、すぐにベッドの上の私の体にまたがり、心臓マッサージと人工呼吸を始めます。他の看護師さんも次々と駆けつけ、酸素ボンベをつけたりさまざまな処置をしていきます。私はそれらを何とも不思議な気持ちで見つめていたのです。


心臓マッサージに人工呼吸。死んだ本人である自分が、周りの人と一緒になって体を見守りながら心配しているのが、なんだか滑稽に思えました。

「これは夢なんだろうか？　でも夢ではなさそうだし……」

そんなことを考えていたのですが、ふと看護師さんを呼びに行ったはずの母親が戻ってこないことが気になりました。

「どこへ行ったんだろう。もしかしたら姉さんたちのところへ電話でもしに行ったのかな？」

そう思った瞬間、私は公衆電話をかける母のそばに立っていました。

母は、やはり姉のところへ私の死を伝える電話をかけようとしていました。しかし、かなり動揺している様子でした。病院の公衆電話が当時普及しはじめたばかりのプッシュホンだったため、電話番号をうまく押すことができず、何度も震える指でかけ直していたのです。私は見かねて、母の耳元で電話番号を読み上げましたが、父のときと同じく何の反応もありません。

やっと電話が通じ、姉と母の会話を聞いているうちに、兄にも私が生きていることを知らせたいなと思ったのです。すると次の瞬間、今度は兄の中にいたのです。自分の視線が車を運転する兄のものと重なっていました。兄はすでに連絡を受けていたらしく、車で病院へ向かう途中でした。

そうです、私は考えるだけで空間を瞬時に移動することができるようになっていたのです。

戸惑いながらも「俺は大丈夫だから」といい残し、私は兄の体から出ました。

兄の体を出て、病室に戻ったものの、私の体は相変わらずの状態でした。医師や看護師さんたちが一生懸命蘇生《そせい》処置をとってくれているのを見ているだけで、自分ではどうすることもできないのです。そこに横たわっているのはたしかに私の肉体なのですが、何をされても何も感じない。それは自分と非常によく似た他人の体を見ているような、不思議な感覚でした。

私は、どうすることもできない自分の肉体のことよりも、この不思議な現象のほうに興味をそそられるようになっていきました。強く思うだけで空間を自由に飛び越えることができる。それも瞬間的に移動できるのです。何度かそうしたことを体験しているうちに、好奇心が頭をもたげてきました。

今の自分は肉体をもたない、いわば意識だけの存在だ。もしかしたら意識だけの存在になると空間や時間の制約を受けなくなるのかもしれない。もしそうならば、過去や未来にも行くことができるかもしれない、そう考えたのです。

私は迷うことなく、自分が六歳のときのある夏の日をイメージしました。

過去と未来、宇宙の始まりまでを見てきた

星に興味をもちはじめた六歳のとき、私はもう一つ不思議な経験をしていました。それは兄弟で川に水遊びに行ったときのことです。

私たちがめざすポイントは、石がゴロゴロするちょっと危ない斜面を下りていかなければならないところにありました。私たちは足元に注意しながら、川べりをめざして岩場を下りていました。私のすぐ前には姉が歩いていました。

そのとき、上のほうから誰かの「危ない！」という声が耳に響いたのです。声にはじかれるようにして私が視線を上げると、大きな石が今にも姉の上に落ちんばかりに揺らいでいました。ビックリした私は、前を歩く姉の背中を押してしまいました。姉を押した反動で、私が後ろにひっくり返ったとき、二人の間を先ほどの石がゴロゴロッと音を立てて落ちていきました。

危ないところで姉は石の直撃を免れました。しかし、私に背中を押された姉は、一メートルほど岩場を滑り落ち、さらに落石の破片が当たり、足の親指の爪をはがしてしまいました。下の河原で一部始終を見ていた兄たちは、私がふざけて姉を突き飛ばしてケガをさせたと思ったようでした。私は必死になって、危ないという声がしたから姉を助けるために背中を押したのだと説明したのですが、付近を捜しても私たちの他には人の姿はなく、私の訴えは信じてもらえなかったのです。

私もその声を聞いただけで、誰の姿も見ていませんでした。結局、姉のケガは私のいたずらのせいということになってしまい、ずっと悔しい思いを引きずっていたのです。だから、あのときの声の主を確かめたいと思ったのです。

あの夏の日に行きたい——そう思った瞬間、私は幼い自分と姉の姿を上から見下ろしていました。

幼い日の記憶を頼りに私は声のしたほうへ行ってみました。たしかにこの辺りに誰かがいたはずだ。そう思っていたのですが、誰の姿もありません。そのうち、しだいにあの瞬間が近づいてきました。

石が転げ落ち、姉がまさにその場所に足を乗せようとしたとき、私は思わず叫んでしまったのです。

「危ない！」

幼い自分が私のほうをパッと向き、姉の背中を押しました。

――あのときの声の主は自分だったのです。

それはいいようのないショックでした。

一度病室へ戻り、少し冷静さを取り戻したところで、私は再び考えました。過去に行くことができたのだから、未来へ行くこともできるのではないだろうかと。

これまでは行きたいと思う場所なり、会いたいと思う人なりをイメージすればよかったのですが、未来となると具体的に思い浮かべられるような記憶もありません。そこでとりあえず「未来」ということだけを強く思ってみました。

すると、私は畳が敷き詰められた大広間のようなところにいました。そこでは中年の男性が三十人ほどの若者を相手に、何やら話をしています。

三十畳ほどの広間はとても風格のある造りで、由緒ありげな広い床の間には幅一メートル、高さ一・五メートルほどの掛け軸が一幅、掛けられていました。それは何か建物の見取り図のように見えました。

人々は襖《ふすま》や壁を背にしてコの字形に座り、灰色のシャツを着た中年の男性の話を熱心に聞いていました。

私は近づいて中年の男性の顔をのぞき込んでみました。老けてはいましたが、それはたしかに私の顔でした。私は天文の話を中心に地球環境の大切さを切々と訴えていました。

それを見た私は、漠然とした希望を抱いたのです。中年の自分が存在しているということは、もしかしたら「生き延びられるかもしれない」と思ったのです。

さらにもっと未来をと強く思うと、次に現れたのは初老の私でした。

しかし目の前に広がっている世界は、先ほどのように鮮明なものではありませんでした。それは二つの情景が、まるで二重露出のフィルムのようにダブったものでした。

主となって見えたのは、砂漠のように荒れ果てた大地で廃墟《はいきょ》の石に腰をかけ呆然としている私でした。なぜ廃墟になってしまったのか理由はわかりません。ただ、山には木が一本もなく、廃墟の周りには多くの人たちが倒れていることだけがわかるのです。

そのビジョンに重なるように見えていたもう一つの情景がありました。それは廃墟のビジョンよりさらに不鮮明なものでしたが、緑の多い場所で星を見ている私でした。

二つのビジョンが同時刻の同じ場所だということは、私の容貌と空の星の輝きが教えてくれていました。

時空を自由自在に動き回れることがわかると、私の好奇心はさらに大きく膨らんでいきました。

宇宙の始まりを確かめたいという衝動に駆られたのです。

天文学を学んだものなら、誰しもが一度は考えること。それは、宇宙の始まりは本当にビッグバンなのかということです。

私が見た宇宙の始まり、それはとても神秘的な情景でした。宇宙の始まりはビッグバンではなく、宇宙は一つの「ひずみ」から始まっていたのです。

そもそもの初めにあったのは「膨大な意識」でした。膨大な意識そのものを形成しているものが何なのか、空間なのか物質なのかということは私にはわかりませんでした。ただそこが膨大な意識の中だということだけがわかるのです。

膨大な意識の中に一つの「ひずみ」が生まれました。生まれたひずみは、その瞬間から解消に向かい動きはじめます。その動きこそが宇宙に満ちているエネルギーの流れにほかならないのです。

それは、言葉ではうまく説明しづらいのですが、たとえるならこういうことです。まず両方の手のひらをピッタリと合わせてみてください。次にその手をパッと離し、手のひらの間に空間をつくります。すると、かすかですが空気がその空間に流れ込むのを感じることができると思います。このときの空気の流れ、これがエネルギーの流れだと思っていただくと、イメージに近いかもしれません。

ひずみによって生まれたエネルギーの流れは渦をつくり、それによって空間に漂う塵《ちり》が凝縮し、物質がつくり出されます。物質といっても初めは元素のように、ごく小さな塊です。渦の中で最初にできた元素は、水素でした。これは物質といっても形をもたないガスのような状態です。そのガス状の元素が自重によって引き合ったり反発したりしながら、さらに大きな塊へと成長していきます。

そして極限まで成長した塊は、やがて自重に耐えかねて大爆発を起こします。この大爆発こそが、ビッグバンとされているもののようです。

大爆発が起きたことによってヘリウムやリチウムといった新たな元素が生まれます。それらが爆発によってできた新たな渦の影響の中で、星という大きな塊にまで成長していきます。引き合い、成長してはまた爆発する。そんなことを幾度も幾度も繰り返しながら、物質としての性質や性格をつくり替え、新たな物質を生み出していきます。こうして最終的には鉱物にまで形を変えていったのです。

私たちの生きる三次元世界はこうしてたった一つのひずみから生まれました。正しくはひずみが解消に向かう過程が、三次元という空間と時間に支配されている世界だったのです。

私が意識だけの存在になってから感じていたものに、「私」という個の意識を取り込む膨大な意識の存在というものがありました。私がその存在に気づいたのは、時空を移動できるようになって間もなくのことです。

最初に感じた違和感は、急に頭がよくなってきているような感覚でした。自分が学んだり体験したこと以外の知識が自分の記憶として存在するようになってきたのです。人類の歴史やさまざまなことを自分の記憶として読みとることができるようになっていました。わからないことが何もない、とてつもなく天才になったような気分でした。

これまで自分が生まれ育ってきた間に経験した記憶を「個の意識」というならば、その膨大な意識は、宇宙のすべてが誕生してから今までに経験した記憶といえるのかもしれません。その膨大な意識が、個の意識を包み込み同化していくのです。

それは、すべてが自分であるという何とも不思議な感覚でした。その感覚にどっぷりと浸ってしまうと、自分という個が見えなくなってしまいます。ですから私は、「意識」としてさまざまな世界を旅している間中、膨大な意識の中から「木内鶴彦」という個の意識をたどり、それをしっかりと保つように努力しなければなりませんでした。

私は、このときの体験を人に話すとき、過去や未来を旅したという言い方をしますが、正確には旅をしたのではなく、個という意識をベースにして膨大な意識の記憶をなぞったということになるのかもしれません。

私という個の意識は、さまざまな場所や時、そこでの出来事をリアルな体験として認識していますが、実際には自分でもある膨大な意識の記憶をなぞっただけなのです。

たとえば、母や兄のところへ瞬間的に移動したというのも、正確には彼らがそこにいるということ自体が、すでに自分自身の記憶の一部になっていたのです。

みなさんは、自分が経験したこと、たとえば昨日のお昼に誰と会っていたというようなことを思い出すことができると思います。それは頭の中にイメージとして浮かぶのですが、私が経験したのは、記憶の中に実体験として入り込むというようなものなのです。すべては自分の外側ではなく、中にあるのです。

私が想像していた「死」、つまり無の世界は、膨大な意識の世界でした。ここに取り込まれると、自分は宇宙そのものの一部になってしまい、個の意識を維持することが難しくなってしまうのです。

蘇生《そせい》してから、私はこのときの感覚をどう説明したら、人にわかってもらえるだろうかといろいろ考えてきました。そしていちばん近いと思われるものが、スーパーコンピュータのシステムでした。

スーパーコンピュータという一つの膨大な意識があるとします。そのスーパーコンピュータは、自らの中に三次元という一つの世界を生み出します。その世界の中には、銀河があり、太陽系があり、太陽という恒星や地球という惑星があり、その地球の中でさまざまな生命活動が行われていきます。どんな小さなものもすべてはスーパーコンピュータの意識の一部です。したがって、その一部は全体にアクセスすることもできるのです。

つまり、私たちはスーパーコンピュータが生み出したバーチャルなキャラクターを、個だと認識しているということになるのです。

膨大な意識と一体になってわかったこと。それは、膨大な意識のままではとても退屈だということでした。すべてが記憶としてわかり、すべてが自分自身だということは、とてつもなく暇で、退屈で、それなのにこれといってやることもないのです。

そんな退屈の中で暇を持て余した膨大な意識が、一つの「ひずみ」を生み出しました。それはもしかしたら暇つぶしのためのゲームだったのかもしれません。

生まれたひずみは、いつかは解消されてしまいます。そうなれば、また「無の世界」に戻ってしまいます。ひずみの解消は、私たち三次元に生きるものにとっては、宇宙の崩壊にほかなりません。

しかし膨大な意識にとっては何も問題はありません。膨大な意識そのものが失われるわけではないのですから、また暇つぶしが必要なら、新しいひずみをつくりゲームを始めればいいのです。しかし、今のひずみの中に生きている私たちにとっては、この三次元世界こそがかけがえのないたった一度きりの宇宙です。

自分たちが泣いたり笑ったりしながら生きているこの世界が、膨大な意識が暇つぶしのためにつくり出した世界にすぎないということは、空《むな》しいことのように思われるかもしれません。しかし、私がこのことを知ったときに感じたのは、生きることの素晴らしさと大きな喜びでした。

このゲームにおいて、地球という惑星に誕生した生命の役割は、この星の奇跡のような環境バランスをいかに長く保ち、エネルギーを維持し生きつづけることができるかということです。この星で生まれた生命体は、この星の環境バランスを整えていく以外に生命を維持する道はありません。そして、どこよりも長く生きつづけたものがこのゲームの勝者となるのです。

このゲームに参加している生命体は、私たちだけではありません。宇宙空間全体に、膨大な意識とアクセスしている生命体が、無数に散らばっているのです。私たちが宇宙人や異星人などと呼ぶ未確認の知的生命体も、この宇宙には存在しています。しかし、彼らも私たちも、すべては膨大な意識から発したものなのです。

私は臨死体験の中で、宇宙の始まりから生命の発生、そして人類の歴史までをも見てきました。私の心臓が停止してから蘇生するまでの時間は、わずか三十分です。でもそのわずかな間に、私は膨大な時を経験したのです。

私が臨死体験の中で見てきたものが真実かどうか、残念ですが、今この時点で証明することはできません。

臨死体験で見た過去を検証することはできません。六歳のとき聞いた不思議な声が将来の自分自身のものだったかどうかなど調べようもないからです。

臨死体験中に訪れた実家の様子や友人の様子が、たしかに事実であったことは、私自身は確認しましたが、第三者に、意識が戻ってから耳にしたことをもとに記憶として再構築したものではないかと疑われてしまえば、否定することは難しいかもしれません。

しかし未来は別です。未来はまだ誰も経験したことがなく、人から聞かされた情報をもとにイメージをつくり上げることは不可能だからです。

そして、臨死体験の中で経験した未来の一つは、一九九四年十月に現実となってすでに私の目の前に現れているのです。

それは『将来世代フォーラム』で私が講演をさせてもらったときのことでした。アジアの学生を対象としたこのフォーラムは、日本の名所旧跡を見学しながら、将来を担う世代に今の我々は何を残すのかということを考えるというもので、十四回に分けて開催され、私の講演はその締めくくりとして高野山で行われることになっていました。

高野山の中の修行寺、清浄心院というところが会場だったのですが、用意された部屋に通されたとき、私は自分の目を疑いました。部屋の奥の立派な床の間に、臨死体験で見たのとまったく同じ掛け軸が掛けられていたからです。私は掛け軸に駆け寄り確かめましたが、間違いありません。私の胸は高鳴りました。スタッフはそんな私を、不思議そうな顔で見ていました。

「準備が整いました」という係員の声にドキドキしながら振り返ると、はたして臨死体験で見たのと同じ顔をした若者たちがコの字形に座っています。「間違いない！」そう思った瞬間、私は自分の着ていた服の色を思い出しました。臨死体験の中で私が着ていたのは灰色のシャツでした。でもその日私は、緑色のシャツを着ていたのです。

「やっぱり、違うのか……」そう思いかけましたが、手元の書類を見るために視線を下ろしたときに、その疑問は解消されました。部屋を照らしているライトの色によって、私が着ていた緑のシャツはくすんだ灰色に見えたのです。

すべての条件がそろいました。それは私にとって、意識だけの世界で見てきたことが真実だったと確信できた瞬間でした。

臨死体験はどこまでが真実だったのか

さて、私は（私にとっては）長い長い旅を経て、再び肉体のある病室へと戻りました。

私はこのとき、何とかして生き返りたいと強く願っていました。でもそれは以前感じていたような死に対する恐怖からではありませんでした。意識の世界で体験したさまざまなことが事実なのかどうか確かめてみたいと思ったからです。

ベッドに横たわる私の体は、医師たちの懸命な努力によって何とか生命活動を復活させていました。

「生き返ることができるかもしれない」――そう感じた私は、父の体に入り込んだときのように、寝ている自分の体の耳元に近づきました。そして次の瞬間、私は自分の体の中に戻っていました。

口元の酸素マスクの感触、目を開けようとしたときに感じる瞼の重さ、私は永い眠りから覚めたときのような気怠《けだる》さの中で覚醒しました。ベッドの上で私は体の右側を下にして、背中を丸めていました。

それからまた少し時間がたったのでしょう。再び目を開けたとき、目の前には叔母がいて、私に重湯を飲ませようとしているのか、スプーンを私の口元に当てていました。

口に食べ物を入れるなど何日ぶりのことでしょう。重湯を口に含んだとき、何ともいえないおいしさが口の中に広がり「ああ、うまい」という言葉が漏れました。

食べるという生物の本能が満たされたとき、私は自分の意識が肉体に戻り、蘇生したのだということを実感しました。

「意識が戻ったようだよ！」

叔母の驚きに満ちた声が、私の覚醒をさらに進めました。どうやら私は意識が肉体に戻ってから、自覚のないままに重湯をすすっていたようなのです。しかも、それは昼食だったのです。

肉体に戻ってから目覚めるまでの時間を、私は一瞬のようにしか感じていなかったのですが、実際には十時間もの時間が経過していたのです。

私の病気の原因が明らかになったのは、死を賭して行ったレントゲン検査のおかげでした。

私の病気は、ストレスなどから背骨と動脈の間に十二指腸が挟まれ腸閉塞を起こすという、世界でも百二十例ほどしか報告されていない非常に珍しいものでした。しかも、この病気になって一命を取りとめた人はいないという、大変恐ろしい病気だったのです。日本では病名もなかったため、私のカルテには後に担当医によってつけられた「上間膜動脈十二指腸閉塞」というちょっと長い病名が記されることとなりました。

私が一命を取りとめることができたのは、レントゲン撮影によって、右側を下にして背中をくの字に曲げた体勢なら背骨と動脈の間にわずかですが隙間ができ、十二指腸の完全閉塞を免れることがわかったからでした。私が蘇生したあと、体を曲げた状態で重湯をすることができたのもこのためです。

体を固定していなければならないのは苦痛でしたが、この体勢を保つことによって、私は少しずつですが食事をとることができるようになりました。一週間ほどその体勢で過ごし、体力が少し回復したところで精密検査を受け、さらに二週間ほど待って、十二指腸にバイパスを通す手術を受けることができました。

私の検査や手術、その後の経過などは、この病気の最初の治療成功例としてすべて詳細に記録され、医学会に報告されました。

臨死体験のことを最初に話したのも、闘病データがさまざまなかたちで記録されるなかでのことでした。

相手は、手術のとき麻酔を担当した医師でした。彼はそれまでの経験から臨死体験という現象があることを知っていたのでしょう。私の死にかけていたときのデータを見ながら、「何か見なかった? こういうときは、よく不思議なものを見るんだよね」と、尋ねてきたのです。

臨死体験で見たものをまだ自分でも整理しきれていなかった私は、心臓が止まる以前に見たもの、洞窟や大河、故人との出会い、花畑などの話はしましたが、時空を飛び越え過去や未来を見てきた話まではしませんでした。

私は心臓停止以前の体験を第一次臨死体験、心臓停止以後の体験を第二次臨死体験と区別していますが、これは両者が「臨死体験」という一つの言葉でくることができないほど性格を異にしているからです。

第一次臨死体験で見た大河や故人との出会いというのは、三途《さんず》の川のたとえがあるように古くからいわれていることでしたから、自分としてもある程度受け入れることができました。

しかし第二次臨死体験は、夢というにはあまりにもリアルすぎ、かといって真実だと思うにはあまりにも常軌を逸していました。そのため、なかなか人に話す決心がつかなかったのです。

私の臨死体験は、興味をもった先生方に話をしているうちに、さまざまな人の知るところとなりました。ホリスティック医学やターミナル・ケアの関係者などからも、話を聞かせてほしいと依頼を受けることが多くなっていったのです。

そのころから、心臓が止まったあとに体験したことについても、自分である程度信じられるようになったものから、少しずつふれるようになっていったのです。しかしそれによって私の人生が大きく変化していくことになるとは、そのときはまだ夢にも考えていませんでした。

三か月近い入院生活を終えた私は、しばらく実家へ戻り休養をとることにしました。退院したとはいえ、職場に復帰できるほどの体力がまだなかったからです。

実家へ戻って数日が過ぎたときのことです。その日も私は二階の自室で伏せっていたのですが、下の部屋で誰かが両親と話していることに気がつきました。耳を澄ますと、それは私が臨死体験から戻ってきたときに重湯を食べさせてくれていた叔母の声でした。私はその叔母にまだきちんとお礼をいっていなかったことを思い出し、起きて下の茶の間へ向かいました。

茶の間では両親と叔母が机の上に古い写真を何枚も広げ、昔話に花を咲かせていました。叔母にお礼をいい、机の上の写真にふと目をやると、そこに写っている一人の中年女性に目がとまりました。驚いたことにそれは、「第一次臨死体験」で出会った喪服の女性だったのです。

びっくりした私は、父にその女性について尋ねました。すると、なんとその女性は父の実の姉、つまり私の伯母にあたる人だというのです。その伯母は私が生まれて間もなく若くして世を去ったため、私は会ったことはおろか写真を見たことすらありませんでした。

私は恐る恐る、この伯母と会ったいきさつを話しました。信じてもらえないことを覚悟して……。

ところが、両親も叔母も少しも不思議がらず、

「そういえばおまえはこの伯母さんとは会ったことなかったねぇ」

「それはきっと姉さんが守ってくれたんだ」

などと、納得した様子でうなずいているではありませんか。これには私のほうが驚いてしまいました。でもこのことがあって以来、私は自分の体験を少しずつ検証していくようになったのです。

家族が集まって私が危篤状態に陥ったときのことに話が及ぶと、「あのとき兄さんは車でこんな話を誰々としていたよね」というふうにわざといってみるのです。もちろん、車の中にいなければわからない話です。家族は話に夢中になっているためか、「そうそう、そうだった」と軽く受け流して話を進めるのです。私はやっぱ

りと思うと同時に、非常な驚きも感じました。

その後も臨死体験の間に見てきた友人の様子など、さまざまなものを確かめました。その結果は、どれも私の見てきたものを事実だと思わせるものばかりでした。


臨死体験で見てきたものが事実ならば、そこで見た地球の歴史も正しいはずです。そこで私は、確かめられそうなものからいろいろと検証してみることにしました。

最初に確かめたのは「月」でした。

月は私たちにとって大変身近な存在ですが、まだわかっていないことの多い謎に満ちた天体でもあります。いつどのようにして月が誕生したのかということについても、まだ定説はありません。地球の一部がちぎれてできたという説もあれば、太陽系を漂っていた小惑星が地球の引力圏に取り込まれたという説もあります。

地球から見た月は、いつも同じ顔をしています。そのため、地球から見える側は表、見えない側は裏と呼ばれています。これは、月が一公転に対し一自転しかしていないからです。そして月が常に一定面を地球に向けているのは、表側のほうが裏側よりも少しだけ質量が重いからです。

月は地球よりもずっと質量の少ない天体です。これは月の重力が地球の六分の一しかないことからもわかります。

私が「第二次臨死体験」の中で見た歴史では、誕生したばかりの地球に月はありませんでした。

月は地球がちぎれてできたものでも、他の惑星を取り込んだものでもありませんでした。月は、巨大彗星だったのです。

巨大彗星が太陽に近づいた際、太陽の熱によってガス化した水分が地球に吸い取られ、質量が少なくなった軽石のような核の部分だけが残り、地球の周りを回る衛星になったのです。月がもっていた氷状の水分が地球に降り注いだと考えれば、月の質量が地球より少ない理由も納得できます。

巨大彗星がもっていた水が地球に降り注いだことによって、地球上の水分量は急増しました。『旧約聖書』のノアの方舟《はこぶね》の物語をはじめ、世界各地には大洪水の伝承が広く残っています。

七日七晩降りつづけた大雨によって高い山までが水の下に沈んだという伝承のすべてが想像の産物だとは、私には思えません。これらの伝承は月が誕生したときに地球に起きた大異変を伝えるものなのかもしれません。

そこで私は考えました。もし地球で増えた水分がもともと月がもっていたものなら、それをそっくり月に持っていけば、きれいにフィットするはずだ、という仮説を立てたのです。

私は、臨死体験での自分の記憶を頼りに、地球上の陸地と海の割合の変化から、増えたと考えられる水分量を計算し、それを現在の月と合わせてみたのです。すると、それは見事にバランスがとれたのです。

でも、これだけではまだ確信がもてません。そこで私は、月のクレーターの数から、月が地球の衛星となってからの年数を割り出すことを考えました。

なぜそんなことをしたのかというと、私は臨死体験の中で見た星座の位置から、月が誕生した年代を計算によってはじき出していたからです。その年代と、月のクレーターの観察から導かれた答えが一致すれば、自分が見てきたものに確信がもてるのではないかと思ったのです。

臨死体験の中で私の意識は、その当時天体観測をしていた人の体に入り込むことによって星空を観察しました。

星というのは動かないように見えますが、それぞれに固有運動をもっています。ですから、過去と現在の星図を比べてみると、同じ星座でも少し形が異なっているものなのです。この星の固有運動を逆算していけば、過去の星座の形を手がかりに、その時代を割り出すことができます。

私が記憶していたのは大熊座というひしゃく形の星座でした。この大熊座の形と、北極星の位置、この二つがどれぐらい違うかによって、かなり正確な年代を割り出すことができます。

北極星というと、数多い星座のなかでも真北を指したまま動かない星として知られていますが、実は地球の歳差運動の影響で、長い間に北極星とされる星は代わっているのです。

歳差運動というのは、簡単にいえば地球の回転軸が太陽や月の引力の影響によって起こす、首振り運動のことです。北極星は地球の自転軸の空間方向に位置している星のことで、約一万三千年ごとに現在の北極星と、こと座のα《アルファ》星が交代でその役を果たしているのです。

歳差運動は一定の周期に基づいているので、計算すれば何年の北極星はどの星か、ということがわかります。それと星の固有運動から割り出した数字を合わせれば、かなり正確な年代が特定できるというわけです。

そうして私が導き出した月誕生の年代は、約一万五千年前というものでした。巨大彗星が地球に接近し地球の環境を大きく変化させたのは、意外にもそれほど古い時代のことではありませんでした。すでに人類は誕生し、文化的な生活を営んでいたのです。

月がもともと巨大彗星ならば、月のクレーターは、水分が気化し地球に吸い取られたあとにできたと考えることができます。クレーターというのは、隕石《いんせき》が地表にぶつかったときの衝撃でできる窪《くぼ》みのようなものだからです。

月の表面には、暗い部分と明るい部分があり、暗い部分を「海」、明るい部分を「陸」と呼んでいます。私が幼いころにウサギだと信じていたのが、この海と呼ばれる影の部分だということは、先にもふれました。なぜ海の部分が暗く見えるのかというと、ここは陸と呼ばれる部分より少し低く、光の反射率が悪いからです。海の部分は最もクレーターの数が少なく、比較的楽に観察することができます。

そこで一定期間この海の部分にできる新しいクレーターの数を観察し、平均的な数字を出します。そして現在あるクレーターの総数をその平均値で割れば、月が誕生したおおよその年代を特定することができます。

こうしたクレーターの観察結果をもとに月の年代を測定したところ、やはりここでも約一万五千年前という、臨死体験から導き出した答えと一致する数字が出たのです。


私が臨死体験で見てきた地球の歴史は、常識では考えられないものでした。

月が誕生する前、地上では高度な文明社会が築かれていました。

その社会は、今の歴史学の常識からすれば、信じられないような姿だと思います。

この古代文明の都市は、当初地下に造られました。人間が自分たちの生活空間を地下に求めた理由は、実にシンプルなものでした。地上に町を造ると自然を破壊しなければならないからです。

当時の文明は、地球の生態系の主役は植物だという認識に立脚していたのです。都市と同じ理由から道路や線路も造られませんでした。道を造らなくてもいいように、彼らは空中を移動する乗り物を開発しました。それは今でいえば、飛行機というよりUFOに近いものでした。

緑に覆われた大地、そこには数々の動物が自然を維持するための循環を繰り返していました。その循環の輪の中には、地下に住む人間も、巨大な恐竜も含まれていました。

そうです、月が誕生する前まで人間と恐竜は一つの生態系の中で生きていたのです。

人間は文明の進化とともにその生息圏を広げていきました。それは草しか生えないような山岳地帯に植物を育てたり、砂漠地帯を緑に変えるための移住です。

当時の科学力はある意味では今よりも進んでいたのかもしれませんが、価値観が今とは異なるので、比べるのが難しいところもあります。

天文学に関しては、今と同程度ぐらいまで発展していました。だからこそ、臨死体験から戻ったときに、月の誕生年代を割り出すための正確なデータが得られたのです。

残念なことにこの超古代文明は、月が地球にもたらした大洪水によって失われました。生き残ったのは高い山の頂に避難できたごくわずかの人だけでした。

私は甦ったときのためにと、臨死体験の中で訪れたさまざまな時代のさまざまな場所に、いくつか証拠になるようなものを残してきました。

それは自分だけにわかるメッセージを、今も残る有名な神社や世界各地の古代遺跡に刻みつけてきたのです。意識だけの存在なのにどうやって刻むのかというと、その時代に生きている人の肉体をちょっと拝借するのです。

病室で父の肉体に入ってしまった経験があったので、それを応用したのです。他人の意識が入っている肉体に入り込むにはコツがあります。それは相手がぼーっとしているときを狙うのです。実は何度か試してみたのですが、相手がはっきりとした意識をもって活動しているときには入り込むことはできません。

意識がゆるみぼーっとしているときにほんの数秒おじゃまして、ちょいちょいっと自分へのメッセージを残すのです。

どんな時代でも、どんな場所でも一瞬で移動できるのですから、エジプトのピラミッド、インカのマチュピチュなどあちらこちらに行きました。検証しやすいように日本国内でも何か所かしるしをつけました。

まだすべてを検証したわけではありませんが、これまでに調べた場所にはすべて、それらのメッセージを確認することができました。それは臨死体験の中で見てきたものは真実だと告げていたのです。

太古の地球がこれからの地球のモデルになる

この世界で生きていくというのは、とても大変なことです。でも大変だからこそ喜びを感じることもできるのではないでしょうか。そのことを私は「死」を経験して痛感しました。

死後の世界はとても退屈な世界です。

すべてが自分であり、何の疑問もない世界です。

それはつらくも苦しくもない世界ですが、ときめきも喜びもない世界ともいえます。

この世にはさまざまな制限があります。でもだからこそ自分の能力を目いっぱい使って生き延びていくことが、とてつもなく素晴らしいことなのだと気がついたのです。

みなさんも自分の人生を振り返ってみてください。

あなたにとっていちばん素晴らしい思い出となっているのは、どんなときでしたか？

それは、困難に負けず自分が一生懸命努力していたときではないでしょうか？

そのときは苦しくて苦しくて、何で自分はこんなに大変な思いをしなければならないのだろうと、天を呪いたくなるような気持ちになったとしても、その困難を乗り越えてあとから振り返ったときに感じるのは、かけがえのない充実感なのではないでしょうか。

生きる喜びとは、そういうものだと私は思っています。

詳しくは後ほど述べますが、私は臨死体験を経て、この地球で生きつづけるために、地球環境を整えるために、自分にできることを始めました。

整えるには、まず理想的な状態を知らなければなりません。そこで私は、自分が臨死体験の中で見た太古の地球をモデルとすることにしました。太古の地球は生命を生み出すエネルギーに満ちた環境だったからです。

ここで一つ断っておかなければならないのですが、私が臨死体験で見た地球の歴史というのは、現代人が考えているものとだいぶ違うものなのです。月の誕生と太古の人間たちが築いていた文明については先に述べましたが、ここで私が見た地球そのものの歴史を説明しておきましょう。

——太陽系は最初は星間ガスの渦から始まりました。

回転によって軽い物質は渦の外側に吹き飛ばされ、重たい物質だけが渦の中心に集まり太陽のもととなりました。太陽に近い場所では、比較的重い物質、鉱物や岩石などがぶつかり合いながら大きな結晶に成長していきます。そして、太陽を中心にさまざまな重さの物質の塊が惑星となり、軌道を描くようになっていったのです。

太陽系第一惑星である水星は地球よりもかなり小さな星です。地球の赤道半径が六三七八キロなのに対し、水星の赤道半径は二四四〇キロしかありません。しかし、平均軌道速度は地球よりも水星のほうがはるかに速いのです。地球がもし、水星と同じ速度で公転したら、遠心力で軌道を外れてしまうことでしょう。

逆に地球よりも太陽から遠い木星は、地球よりもはるかに大きな星ですが、ガスで構成されているため質量も軽く、平均軌道速度も地球の半分以下と非常にゆっくりと公転しています。このように、惑星は太陽からの距離によって、成分も回転速度もそれぞれ異なっているのです。

生まれたばかりの惑星は、太陽のエネルギーを受け、温められたり冷やされたりを繰り返しながら化学反応を起こし、生命発生の土壌をつくり上げていきました。しかし、どの惑星でも生命が発生したわけではありません。太陽系で生命が誕生したのは地球だけでした。それは、太陽からの距離、惑星を構成する成分、その他さまざまな条件が奇跡的な確率で積み重ねられた結果でした。

原初の惑星に水はありませんでした。宇宙空間で水分は軽石のようなものにしみ込み、凍結していたのです。それがカイパーベルトと呼ばれる彗星の巣となりました。氷の塊は大きくなると、太陽の引力に引き寄せられ、彗星となり太陽系の惑星に降り注ぎました。細かな水の塊が惑星に降り注ぎ海をつくり出します。

しかし、惑星と太陽の距離が近すぎれば、地表が熱すぎて水は揮発してしまいますし、逆に遠すぎると凍りついてしまいます。水が液体の状態を保っていられるのにちょうどよい距離に位置していたのが地球だったというわけです。

その原初の海で最初の生命が生まれました。

それは藻のような植物性プランクトンでした。植物性プランクトンが光合成によって酸素を生み出し、酸素が充分に増えたところで動物性の微生物が誕生しました。海の中で腐った植物を動物性の微生物が分解し、新たな栄養分を生み出し、それをもとに別の植物群が生長していきます。こうして生命の循環が始まりました。

植物は海岸から少しずつ陸上に進出し、大気や土壌を生命体が生活するのに適した状態に変化させていきます。地球が誕生してから地表の大部分が植物によって覆われるまでに要した時間は、八億年ほどでした。

さまざまな生物が地球に誕生し、満ちていきました。しかし、それは現在考えられているような「進化論」に適応した結果ではなく、たった一つの目的のもとに増えていったのです。その目的というのは、地球の環境バランスを整えるということでした。

生命体はよりよい循環を地球上にもたらすために発生し、増殖し、変化していきました。植物性プランクトンの死骸を新たな生命発生の土壌とするために動物性プランクトンが発生したように、すべては生命の循環のために存在しているのです。

私が臨死体験の中で見た太古の地球は、植物中心の生態系を維持していました。その植物の生態系を維持するための役割を担って、動物が発生したのです。

生物にとって増殖は非常に重要な課題ですが、ひたすら増殖しつづけることは、自らの種を絶滅させることにもつながります。ある一つの生命体が増えすぎるということは、全体のバランスをゆがめることになるからです。

適度な死が、生態系のバランスを保つためには、どうしても必要なのです。

植物は草食動物に食べられることによって自らの適正量を保ち、草食動物は肉食動物に捕食されることによって、自らの種に制限を設けました。

肉食動物の多くは、草食動物の内臓を食べることによって自らの生命を保っています。なぜ内臓を食べるのかというと、肉食動物は、自らの体内に植物を栄養化する酵素をもっていないからなのです。したがって、その酵素が含まれる草食動物の内臓を食べるのです。もし肉食動物が、草食動物のように植物をエネルギーに変える酵素をもっていたら、肉食動物が増えすぎ、生態系のバランスを崩すことになってしまいます。

進化論では、生命体は自らの種をより繁殖させることが可能なように、厳しい自然環境に適応していくかたちで自らの肉体を進化させていったという言い方をしますが、本当にそうなのでしょうか。

私が見てきた世界は、自らの種を繁栄させるためではなく、地球環境のバランスを整え、より長く生命が循環しつづけられることを目的に進化していました。

そして種々雑多な生命のバランスを管理するものとして、進化の最終段階で生まれてきたのが人間だったのです。

生命体のバランスを整えるのは、非常に難しい役目です。それぞれの種に組み込まれたプログラムだけでは、突発的な変化や局地的なバランスの乱れに対応しきることはできません。そこで、自ら学習し、物事を考え、発想し創造する能力をもつ生命体がどうしても必要となってきたのです。

砂漠化した地域に植林をしたり畑を造ることによって減少した緑を増やす。増えすぎた動物を家畜とすることでその数を整える。環境の変化を自らの頭脳と行動力によって整える働きを人間という種は担って生まれてきたのです。

それはちょうど縁のないお盆の上に置かれたビー玉を落とさないようにバランスをとりつづけるゲームに似ています。お盆が右に傾いたら左に傾ける。逆に左に傾きすぎたら右に戻すといったぐあいで、たえずそのときの状況や変化に合わせてバランスをとりつづけなければならないのです。

私は地球の歴史を見ることによって、膨大な意識のなかからこのことを読みとりました。

人類にとっての最大のテーマである「人は何のために存在しているのか」という問いかけに対する答えを、私はこうして手に入れたのです。

☯

最初のうち人類は、自らの存在目的に即した生活を送っていました。地球の生態系における主役はあくまでも植物であり、人間を含む多くの動物は脇役に甘んじていました。

そのバランスは理想的な状態で、永遠に続くかのように見えました。しかし、試練があるからこそゲームはおもしろいのです。もしかしたら人間は、困難な状況を乗り越えたときに生命が輝き、喜びを感じるようにプログラムされているのかもしれません。

その試練は、今から約一万五千年ほど前に訪れました。

このときの地球は今とだいぶ違う状態にありました。現在の地球の陸と海の割合は約一対二ですが、当時は、海は地表の三分の一しかありませんでした。そして前述のとおり月が存在していなかったのです。

今よりも水が極端に少なかった地球は、質量が少ないために重力も弱かったようです。地球が緑に覆われるのにともない、さまざまな動物も海から上陸し、水圧から解放された動物は重力の弱い陸上で巨大化していきました。

現在、恐竜の化石を復元すると、体のわりに足が小さいため、うまく歩くことができなかったのではないかという説を唱える人もいるそうですが、私が臨死体験で見た情景は、この疑問を見事に解決してくれます。

私は臨死体験の中で、今から約一万五千年前、大量の水分を含んだ巨大彗星が地球に大接近したのを見ました。

巨大彗星は火星の付近まで到達したとき、水分が気化し太陽よりも巨大なガス状の天体に変化しました。そのガスは地球にまで達しました。そしてガスの部分は、地球の引力に引き寄せられていきました。ガスは地表に近づくにしたがい冷え、雨となって地上に降り注ぎます。こうして大地の三分の一が水底に沈むほどの大雨が地球に降り注いだのです。

そのころ、すでに文明をもっていた人類は天文についての知識もあったので、巨大彗星接近による被害を予想していました。少しでもその被害から逃れるために、人々は高い山の頂上などに避難していましたが、それでも大多数の命が失われてしまいました。恐竜が絶滅したのも、この天変地異が原因です。

地球が再び静けさを取り戻したとき、地球の三分の二は海に覆われ、多くの種の動物が死滅していました。そして空を見上げると、水分を地球に吸い取られた巨大彗星の核が月となって輝いていたのです。

地球環境は、この事件を機に一変しました。大量に増えた水は、地球の質量を変化させ、重力を増加させました。生き残った生物たちは、一瞬にして何倍もの自重を感じるという困難に直面しました。まともに歩くことさえ難しかったことでしょう。

さらに月の誕生により、地球は月の引力の干渉を受けることにもなりました。海の生物に多大な影響を与えている潮の満ち引きも、このときから始まったのです。

わずかに生き残った人類は山を下り、再び文明を築く努力を重ねましたが、それは文字どおりゼロからのスタートでした。太古の文明の痕跡が残っていないのは、このときの大洪水によってすべて失われてしまったからなのです。

もちろんこのような荒唐無稽で科学的な裏づけのない話を、にわかに信じることはできないかもしれません。実際に経験した私自身でさえ、蘇生した直後は自分で見たものを信じることができなかったのですから。

しかし、その世界で見た未来が事実であった以上、私はこうした地球の歴史もまた事実ではないかと思うようになりました。これからさらに科学が進歩していったとき、私の見てきたことが事実であったと立証される日が来るのではないか。私はそう思っています。

彗星衝突の回避を世界に向けて訴える

悪夢の難病から奇跡の生還を果たし、退院後一か月ほど田舎の実家で静養した私は、航空自衛隊に復職しました。復帰当初は、早く以前と同じように仕事がこなせるようになりたいと意気込んでいましたが、実際には、体調を崩してしまうことが多く、休みがちな日々が続いてしまいました。

退院するとき担当医に「肝機能が低下しているので、くれぐれも無理な仕事はしないように」といわれていたのですが、ディスパッチャーという重要な仕事にせっかくつけたという気持ちから、無理をすることも少なくありませんでした。

しかし、もとをただせば私が死ぬような病気になったのも、この仕事からくるストレスが原因です。そしてしだいに、これ以上無理をして仕事を続けても、また同じようなことを繰り返すだけかもしれないと思うようになっていきました。

そんなときに思い出すのは、臨死体験の中で見た未来の自分の姿でした。

未来の自分は、星についての話をしていました。これが本当なら、私は星に関する仕事をする運命にあるのかもしれないと思ったのです。

星に関する仕事がしたい――そういう思いはありましたが、天文学を生業とするなど夢のまた夢というのが現実でした。

あきらめかけていたとき、田舎の友人から天文台建設の話が持ち込まれました。まだ天文台はできあがっていないが、そこへ勤めないかというのです。

その話を聞いて私は素直に喜びました。幼いころから片時も忘れたことのない私の夢、星の研究ができる道が開けたと思ったからです。決心するのに躊躇《ちゅうちょ》はありませんでした。どうせ一度失ったはずの命です、私は自分のやりたいことに人生を使う決心をしました。もう二度と危篤のときに味わったような後悔をしたくない、そんな思いも私を後押ししていました。

こうして私は退院後一年ほどで航空自衛隊を辞め、田舎へ帰ったのです。

田舎へ帰れば、できあがったばかりの天文台にすぐ勤められる、そう考えていた私の期待は見事に裏切られました。天文台は建設中どころか、建設計画自体が暗礁に乗り上げ、事実上立ち消えのような状態になっていたのです。

当てにしていた勤め口はなくなってしまったわけですが、星の研究をやろうという私の決心は揺らぎませんでした。何とか地元で生活を支えるための仕事を見つけた私は、仕事以外の時間をすべて星の研究に費やすようになっていったのです。

私が選んだテーマは、幼いころからあこがれつづけた彗星でした。

彗星研究は太陽系を知るうえでとても重要なテーマです。宇宙は大小さまざまな渦、つまり回転をしています。彗星を調べるということは、この目で見ることのできない太陽系の回転の流れを見ることにつながるのです。

たとえるなら彗星というのは、渦を巻いて回転している洗濯機の中にポンと落とされた発泡スチロールのボールのようなものなのです。渦には、流れの速いところや遅いところ、よどみとなるところが必ずあります。宇宙の場合、この目で見ることが難しい流れの状態も、彗星を観測することによって知ることができます。

彗星は質量が異なれば、軌道も変化します。軌道が違う彗星をいくつも観測することによって、太陽系の渦の流れやエネルギー分布がわかるというわけです。

しかし、先にもふれたように、彗星捜索をするには星の位置やそれぞれの運動など、宇宙の構造を立体的に知っていなければなりません。幼いころから星を見続けていた私でも、本格的に彗星捜索を行うためには、かなりの勉強が必要でした。

最初の七、八年は天体物理学と太陽系のメカニズムを頭に入れることに時間の大部分を費やしました。毎夜のように双眼鏡を担いで彗星を捜索するようになったのは、そうした基礎勉強を終えたあとのことです。

しかし、病み上がりの私の体にとって、昼間仕事をしたあとに夜遅くまで勉強するというのは、結構つらいものでした。体を悪くして入院し、職場を変えざるをえなくなったことも何度かありました。

精神的にもこの時期はつらいものがありました。結婚して家庭をもっているのに、それを養うだけの収入を得ることができない、そんな自分に嫌気がさしたこともありました。それでも星を追いかけることをやめなかったのは、やはり臨死体験以降、自分の中で消化しきれない「思い」があったからだと思います。

体調が悪く、仕事が思うようにできなくなってきたころ、私はついに開き直りました。こうなったら思いっきり無理をしてやろうという気持ちになったのです。睡眠時間を削って深夜から早朝まで山で彗星捜索を行い、山から戻ったらすぐに職場に向かう。そんな一見すると自殺行為とも見られるようなむちゃくちゃな生活を始めたのです。

ところが不思議なもので、それほどのむちゃをしているにもかかわらず、深夜の観測をするようになると、私の体はどんどん元気になっていったのです。自分が夢中になれることに全力で取り組むとき、人は信じられないようなエネルギーがわいてくるのでしょう。

最初の数年は、ただ夜空全体を観測するようなことをしていた私も、フライフィッシングがヒントとなって彗星軌道を求める計算式を確立してからは、本格的な捜索活動に入りました。その後、わずか三年の間にたてつづけに四つもの彗星を発見することができたのは、我ながら大変ラッキーなことだったと思っています。

四つ目の彗星、スウィフト・タットル彗星を発見したのは、一九九二年九月二十七日のことでした。

スウィフト・タットル彗星というのは、一八六二年にアメリカのスウィフトとタットルという二人の人物によって一度発見された周期彗星です。しかしその後、百三十年もの長い間、行方がわからなくなっていたのです。この彗星は、毎年八月の中旬に数多くの流れ星を見せるペルセウス座流星群の母天体であることから、学界でも再発見が待望されていた彗星でした。

もちろん私もこの彗星を発見したいと思ってはいましたが、まさか世界中の天文学者が探し求めている彗星を、自分が発見できるとは思っていませんでした。ですから、私の再発見が確定されたときは、喜びもひとしおでした。

ところが、私が再発見したスウィフト・タットル彗星の軌道を計算し直したところ、とんでもないことがわかったのです。

その知らせは、再発見後間もなくアメリカ・スミソニアン天文台のマースデン博士から私のもとへと届けられました。

博士の軌道計算によると、スウィフト・タットル彗星の周期は百三十五年。次回の回帰、つまり二一二六年に再び地球に接近したときに、この彗星は地球と衝突する可能性が高いというのです。このニュースは、当時新聞を賑《にぎ》わせたので、ご記憶の方も多いと思います。

スウィフト・タットル彗星の直径は、七キロから二五キロの間といわれています。私の観測では約二〇キロと推測しています。これほど大きな彗星が激突したら、地球はどうなってしまうのでしょう。

一般的には、直径五〇〇メートルの彗星が地上に激突したときに受けるダメージは、広島型原子爆弾の一万七千倍の破壊力に相当するといわれています。直径二〇キロもの彗星が激突すれば、地上生物が絶滅するほどの大惨事となることは確実です。

彗星が地球にぶつかるなんて、と思われるかもしれませんが、これはかなり確率の高い話なのです。なぜならスウィフト・タットル彗星は、ペルセウス座流星群の母天体だからです。

流星、流れ星と聞くと、多くの人はとてもロマンチックなものを想像されることでしょう。星が流れきるまでに願い事を三回いうことができれば、その願い事が叶《かな》うという言い伝えは今も多くの人に信じられています。

美しい流れ星ですが、その正体は宇宙を漂っている塵です。小さな塵が地球の大気にふれ、摩擦熱で高温の光を放ったものが、流れ星なのです。夏の夜空にたくさんの流れ星を見ることができるペルセウス座流星群というのは、スウィフト・タットル彗星が軌道上に残した塵の中を地球が横切るために起きているのです。これは、彗星の軌道上を地球が突っ切っているということです。

毎年夏に流星群が見られるということは、毎年夏には彗星の軌道上を地球が通るということです。スウィフト・タットル彗星の次回の回帰予定は二一二六年の七月下旬。わずか十五日ほど回帰がズレただけで、地球に衝突してしまうのです。


みなさんはこれから百年ちょっと後に彗星が地球に衝突するかもしれないと、あらためてお聞きになり、どう思われたでしょうか。

百年以上後なんて、どうせ自分は生きていないから関係ないと思われますか？それとも何とかしなければと、危機感を抱かれたでしょうか？

私はこの知らせを受けたとき、まるですぐ明日に危機が迫っている、といわれたような衝撃を覚えたのです。

私が天文学を学び、「何千年」とか「何光年」といったものすごく長い時間の単位を当たり前に使っていたためかもしれませんが、「それは大変だ、急いで何とかしなければ」というのが私の思いでした。

このニュースは、瞬く間に世界中の天文学者の間を走り抜け、専門家の間でも対策を講じる論議が繰り広げられました。その結果、地球からはるか遠くで核ミサイルを撃ち込むことができれば、彗星の軌道を変えることができるということがわかりました。

しかし、この計画を実現させるには、いくつもの問題を乗り越えなければなりませんでした。核ミサイルをどこの国に提供してもらうのか、軍事的な障害や金銭的な問題、それ以前に彗星が地球からはるか遠くに位置しているときに核ミサイルをどう撃ち込むかという技術的な問題もありました。

いろいろなことを具体的に考えていくと、この問題は、今すぐに取りかかったとしても、ギリギリ間に合うかどうかという、非常に深刻な問題でした。

私も、このことを知って以来、彗星の発見者として講演会など人前で話す機会に恵まれるたびに、未来に向けて準備をすることの必要性を述べてきました。

そんなとき、人類始まって以来初めて、彗星が太陽系の惑星に実際に衝突するところを観察する機会がやってきたのです。

一九九四年七月に起きた、シューメーカー・レビー第九彗星の木星衝突です。

私はこのまたとないチャンスを逃すまいと、グランブルーという会社と私が主催する「ふるさと往来クラブ自然の学校」というグループから観測隊を編成し、最も観測に適していたオーストラリアへと向かいました。

直径四五センチという巨大な望遠鏡を持ち込み、CCDカメラで記録を残しながら行った観測は、予想をはるかに上回る光景を私たちに見せてくれました。

当時、テレビのニュースでも取り上げられたので、木星に彗星が衝突する映像を見た記憶がある方も少なくないでしょう。

木星はガスでできた巨大な惑星です。その大きさは地球の千三百二十一倍もあり、太陽系のなかでも最大を誇っています。

彗星は衝突前に二十一個に分裂し、次々と木星に衝突しました。テレビ画面で映像だけ見ると、大した被害ではないように見えたかもしれませんが、実際には直径一キロほどの破片が衝突しただけで、ほぼ地球と同じぐらいの大きさのキノコ雲が観測されたのです。

もちろん地球と木星ではかなり条件が違うので、この結果をそのまま当てはめることはできません。それでも、これまで科学的な計算によって導かれてきた被害の予想を、はるかに上回る現象が起こることだけは明らかになったのです。

◉

この観測結果を受けて、私は同じ一九九四年十二月に行われた第一回「将来世代フォーラム」の世界会議に出席しました。この会議では、六十四か国の代表が集まり、将来世代にどのような地球環境を残すのかということについて議論が行われました。そのなかには先進諸国が冷戦時代に戦争の抑止力になるとして生み出した大量の核兵器の処分問題も含まれていました。

核兵器の処分方法については、放射能が漏れないような容器に収め海溝に沈めようという提案がされていました。しかし、いくら厳重に密封しても、今の技術水準では安全が保障されるのは二百年が限度だというのです。

二百年しかもたないものを海溝深く沈めてしまってその後はどうするのかというと、二百年もたてば科学技術が進歩するから大丈夫だろうというのです。これでは未来にツケを回すようなものです。

そこで私は、将来地球に危機をもたらすであろう彗星や小惑星を破壊するために、核兵器を提供してほしいと申し出たのです。そしてさらに、宇宙にステーションを造り、そこから核ミサイルを発射できるようにすることも提案しました。

目的が地球を守るということですから、この申し出に正面切って反対する国はありませんでした。その後、十五か国が協力して宇宙ステーションの建設がなされましたが、それはこの会議での提案から始まったことなのです。

さらに、地球に衝突する可能性のある天体を探すために、ネットワークをつくることも提案しました。これはアメリカが予算をつけ、NEO（Near-Earth Object／地球近傍小天体）を探すネットワーク組織の活動を進めています。

このネットワークを成立させるために、私がアメリカに開放を要求したのが、通信システムとしてのインターネットでした。

インターネットは、もともとアメリカの軍隊によって冷戦時に開発された軍事用の通信手段です。冷戦の危機が去った今、地球を守るためにそれを無償で開放してくれるように呼びかけたのです。さすがのアメリカも事が軍事情報にかかわるものということもあって、すぐには首を縦に振ってくれませんでした。しかし、結果はみなさんがご存じのとおりです。一九九五年にマイクロソフト社のウィンドウズ95フィーバーが起きた陰には、国際会議での熾烈《しれつ》なやりとりがあったのです。

こうして、地球防衛のための準備は少しずつですが、動きはじめています。

たしかに、私たちは二一二六年にはこの世に存在していないでしょう。しかし、この問題は決して人ごとではないのです。

私が臨死体験の中で知った膨大な意識は、宇宙そのものでした。つまりこの宇宙には、まったくかかわりのないものは存在していないのです。すべては自分自身です。未来の地球に起こる危機は、あなた自身の危険でもあるのです。

この問題は現在の人間の力を集結させることができれば、乗り越えることのできるものです。地球というかけがえのない星を守るために、世界中の国々が、自国の利害を超えて一丸となって立ち向かうことができれば、必ず克服できるのです。

夜空の「明るさ」が人類を破滅に追い込む

ところで、唐突な質問ですが、みなさんはなぜ一年のうちで七夕の日だけ、織り姫と彦星が会うことができるといわれているのか知っていますか？

実は、旧暦の七月七日というのは、一年のうちでただ一度、半月が天の川の中に位置する日なのです。半月も天の川も、その明るさは共に、十七等星と同じです。ため、天の川を形づくる無数の星々もこの日だけは半月の明るさにその輝きが相殺されるため、天の川は夜空から姿を消してしまうのです。天の川の流れが消えてなくなるため、織り姫と彦星はめでたく会えるというわけですね。

今の都会では、七夕でなくても天の川は姿を消してしまっています。それだけ夜空が明るくなってしまっているということです。

なぜ、この話を持ち出したかというと、夜空が明るくなっていることが、地球上に深刻な問題を引き起こしているからです。

前述の「将来世代フォーラム」の世界会議の最中、彗星や小惑星の地球への衝突を回避させるという私の提案に水を差す人物が現れました。ヨーロッパの植物学者である彼は、次のようにいいました。

「君がいっているのは百年も百二十年も未来のことだろう。地球はどうせそこまでもたないのだから、そんな計画も結局は無駄になるだけだ。だからやめてしまったほうがいい」

私はビックリして、なぜ地球が百年もたないというのかと、尋ねました。

「君は今年（一九九四年）、ヨーロッパの植物学会で発表された内容を知らないのか？」

知らないと答えると、彼は実に衝撃的な報告をしてくれたのです。

それは、十七年後には、世界中の植物がいっせいに枯れはじめ、約三年ですべての植物が枯れてしまうだろうという調査報告でした。

一九九四年から数えて十七年後ですから、二〇一一年には植物がいっせいに枯れはじめてしまうというのです。

植物の死は、動物の死に直結します。つまりこの植物学者は、二〇一四年にはどうせ人類はみな死に絶えてしまうのだから、彗星のことなど気にするだけ無駄だといったのです。

植物がいっせいに枯れるなんて、そんなバカな——そう思われるかもしれませんが、この植物学者のいったことは嘘ではなかったのです。

最近、昔よりも夜が明るくなったと感じている人は少なくないはずです。夜空に見える星の数が減ったのは、大気汚染のためばかりではありません。夜空が明るいために、星の明るさが打ち消されてしまっているのです。

二〇〇二年七月七日、七夕の日の朝日新聞に次のような記事が載っていました。

——全国の市民の協力で夜空の「明るさ」を調べたところ、調査を始めた88年以来、今年1月が最も明るかったことがわかった。(中略)02年1月は全国381地点で観察。明るさの平均値は巨大都市(人口100万人以上)が16・9等、大都市(同30万人以上)が17・6、中都市(同10万人以上)が18・0、小都市(10万人未満)が20・4だった——

この数字は空の明るさを星の等級で表したもので、数が小さいほど明るく、大きいほど暗いということになります。

みなさんは「光害」という言葉をご存じでしょうか。これは一晩中消えることのない街のネオンや照明、大気汚染や気象条件の変化などによってつくり出された「明るい夜」がもたらす害のことです。

夜空が十七等星の明るさというのは、空一面が十七等の星で埋め尽くされたときの明るさなのですが、一般の方にはなかなかピンとこないかもしれません。十七等星で埋め尽くされた明るさというのは、実は半月時の夜空の明るさとほぼ同じです。そして夜空にはもう一つ同じぐらいの明るさのものがあります。それは天の川です。そこで、冒頭で述べた七夕の話につながるわけです。

では、なぜ夜が明るいことが害になるのでしょうか?

昼間は明るく、夜は暗く、これが自然のリズムです。植物は昼間、太陽の光を受けて光合成を行い、夜の闇では休むというサイクルをもった生き物です。それが一晩中人工的な灯りにさらされているため、ストレスを感じ弱ってきているのです。

人間が同じような環境におかれたらどうなってしまうでしょう。つまり、夜になっても寝かせてもらえず一晩中働かされつづけたら、です。眠らないということがどれほどの肉体的・精神的ダメージにつながるかということは、容易に想像がつくと思います。つまり、光害とは、私たち人類の文明が植物に与えている害なのです。

植物がすべて枯れてしまうと、大気中の酸素濃度は、エベレストの山頂と同じぐらいの薄さになるといわれています。エベレストの山頂ぐらいなら、息苦しいけれど死ぬほどでもないだろうと思われるかもしれませんが、実際には酸素より二酸化炭素のほうが重いため、人間の生活圏は二酸化炭素に覆われ、酸素濃度はゼロになってしまうのです。

この危機を回避するためには、一九九四年からの十年以内に、地球上の緑の面積を一九八四年当時のレベルまで戻さなければならないというのです。

その植物学者は、「でも木内さん。今から十年間で、地球上の森林面積を十年前の状態に戻すことなどできると思いますか？　これは実際には不可能なことです。その証拠に、私がいくら訴えても、どこの国に親書を出しても誰も取り合ってくれなかった」と、悲しそうにいいました。

地球の大気の七八パーセントを占めているのは窒素です。あとは酸素が二一パーセント、残りの一パーセントにその他の成分が含まれています。地球温暖化の原因として取りざたされている二酸化炭素も、大気全体から見ればわずか〇・〇三一パーセントにすぎません。しかしこれは大気の平均的な数字で、実際には二酸化炭素は他の成分よりも重たいため、そのほとんどが地上近くにとどまることになるのです。

地球温暖化の問題から排出量規制が叫ばれるなど、二酸化炭素は悪者扱いされることが多いのですが、植物にとっては必要不可欠なものです。我々動物が酸素がないと生きていけないように、植物は二酸化炭素がなければ生きていけません。

ですから地球上の動植物が命をつないでいくために求められるのは、大気中の酸素と二酸化炭素のバランスをとることなのです。

投げやりな気分になっていたその植物学者に、私はさらなるデータの収集を頼みました。

大気中の二酸化炭素の適切な割合というのは、何パーセントから何パーセントまでなのか。そして現在、標高ゼロメートル地帯にある都市部の二酸化炭素濃度はどのくらいで、それは生存可能範囲のどの辺りに位置しているものなのか、それを知ることができる分布図を作ってほしいと頼んだのです。

今、自分の国がレッドゾーンに入っていると知れば、先進国もこの問題を真剣に考えてくれるようになるでしょうし、逆に酸素を世界中に提供している国があれば、先進国が援助の手を差し伸べることによって森林伐採をくい止めることができると考えたからです。

光害は、経済至上主義社会が生み出したものです。というのは、光害の大きな原因となっているのが原子力発電だからです。

現在日本の発電事業は、火力、水力、原子力の三つに支えられています。水力発電はダムを造り、落下する水の力でタービンを回し発電させます。火力発電は、石油などエネルギー資源を燃やし、その熱でお湯を沸かし、蒸気の力でタービンを回し発電させます。原子力発電も、火力発電と同じようにお湯を沸かしてタービンを回すのですが、決定的に違うのは、原子力発電は生産量をコントロールすることができないという点です。

原子力発電は、核融合エネルギーを用いるため、状況に合わせ発電量をコントロールすることができません。原子力発電は一度動かしはじめてしまうと、電気があまり使われない真夜中でも、昼間と同量の電気を生み出しつづけなければならないのです。

電気は蓄えておくことができないエネルギーです。夜中の余った電力を昼間に使うということはできないのです。

そこで電力会社によって深夜の電気使用量拡大策として考えられたのが、都市や観光地の「ライトアップキャンペーン」でした。

歴史的建造物や、橋、高層ビルやタワーが、明るい光に照らし出される様子は美しいものですが、それによって夜は確実に明るくなり、人類は満天の星空を失いました。植物そのものに豆電球を飾り付ける電飾も都市などで盛んに行われました。夜のライトアップが植物を死滅に追いやっているにもかかわらず、人々は灯りを消そうとはしません。

それはなぜでしょうか。

お金儲《かねもう》けにつながっているからです。

観光地はライトアップすることで人を集め、都市ではネオンサインを使って自社製品を宣伝します。二十四時間営業のコンビニエンス・ストアが必要以上に明るいのも、人の購買意欲をそそるためです。

すべてがただお金を儲けるために行われているのです。

私たちはもうそろそろ、お金よりも大切なものがあることに気づかなければなりません。そのためには、私たちがこれからも地球で生き残っていくために本当に必要なものは何なのかということを、見直すことが必要です。お金儲けを最優先事項にしているかぎり、人類は崩壊のシナリオを歩みつづけるだけだということに気づかねばなりません。

地球で生きることを大前提とした産業構造や経済構造を考え、移行していくことが必要なのです。

命というのは、循環です。一つの命が滅びても、生み出された新たな命が生をつないでいきます。自然界でも、動物の死した体は食物連鎖の中で別の命の栄養源となり、さらに大きな命の循環を支えていきます。この命の循環はどこかで度を越した余分や不足が出ると、崩れてしまいます。循環は限られたバランスの中でしか維持することができないからです。これが膨大な意識がつくり上げた、このゲームのルールなのです。

しかし、人間だけが地球上のバランスを崩してしまっています。それは、命の循環よりもお金儲けや自分たちの欲望を優先してしまうからです。

私たち個々の意識は膨大な意識につながっています。どうすればバランスを維持し、命を謳歌《おうか》することができるのか、その答えを膨大な意識は知っています。どんな困難に直面しても、人はそれを乗り越えるだけの力をもっています。最後まであきらめずに、どうすれば環境のバランスを整えることができるのか、一人ひとりが自分の問題として取り組んでいけば答えは必ず見つかります。

なぜなら、私たち一人ひとりが膨大な意識そのものでもあるからです。

今、私が取り組んでいる二つの技術

こうして私の活動は彗星捜索という道を経て、地球環境を整える方向に向かっていきました。

臨死体験の中で見た重なり合う二つの未来、荒れ果てた廃墟と、緑豊かな自然。この二つのビジョンは、今の自分たちがどのような選択をするかによって、地球環境が荒涼とした砂漠にも、豊かな緑にも変わっていくことを暗示していたにちがいありません。

私たち人類は今、分岐点に立っています。

これまで人類は自分たちの生活を便利にするために、文明を推し進めてきました。その結果生み出されたのが、強いものだけが利益を得る競争社会です。社会生活を便利にするためにつくり出したお金に振り回され、利益を生み出すことが社会正義だという誤った観念を育ててしまいました。そうした社会の発展の陰で環境を破壊してきたツケが今、回ってきているのではないでしょうか。

このまま経済至上社会が進んでいけば、人間社会は間違いなく崩壊してしまうでしょう。私たちの未来は、決して楽観視できない状態にあるのです。

今現在すでに、経済は行き詰まりを見せています。物を作っても売れない、売れないから価格を下げる、価格を下げるために人員を減らす。それでも売れ残った商品は大量のゴミとなり、リストラされた人員とともに大量に社会にあふれ出す……。

職にあぶれた人はお金がないために社会生活を営むことができなくなり、路上生活者へと変貌していきます。

生きていくためには食べなければなりません。しかし経済至上社会では、お金を持っていない人は食物を手に入れることができません。そのため彼らは、それが悪いことだとわかっていても、生きるために人から食物を奪うようになります。これが進めば、殺してでも食物を奪うという現象が多発するようになっていくでしょう。そうなるとこれはもう、社会的秩序の存在しない無政府状態です。

産業廃棄物の問題も深刻です。作っても作っても物が売れないということは、大量のゴミを作りつづけているのと同じです。山積みにされた産業廃棄物から漏れ出した毒素は地中に浸透したり、空気中を漂い、多くの病気を生み出します。それでも、企業と消費者の多くが環境を守ることよりも利潤を優先させているかぎり、毒性をもったゴミは増えつづけるでしょう。

今、私たちは自分たちの手で自然を修復しなくてはならない時期にさしかかっているのです。

私が地球の自然環境を整えるために取り組んでいるものを二つご紹介しましょう。一つは「水」、もう一つは「ゴミ処理システム」です。

私が水の研究を始めたのは、彗星捜索を始めたのとほぼ同じころです。ふとしたことから、定年退職されたお医者様のグループと知り合い、その研究会に顔を出すようになったのがきっかけでした。

そのグループは、癌《がん》を治す研究をしていたのですが、私が臨死体験で見たことをもとにした生命観といったことをお話ししたら、非常に興味をもっていただき、ぜひ、研究グループに入るようにと誘われたのです。年寄りの暇つぶしのようなものだから気楽に参加してほしいといわれ顔を出すようになったのですが、話を聞くにしても、相手は専門家ばかりです。実際には難しくて話についていけませんでした。

話の内容のほとんどは、こういう薬を使うとこういう効果があったとか、こういう治療をしたらどう変化したというようなことばかりでした。難しい専門用語が飛び交うなか、私はとてもシンプルな疑問を抱きました。それは、人はなぜ病気になるのか、病気のメカニズムとは何か、ということでした。

そこで私は思いきって質問してみました。

「基本的なことで申し訳ありませんが、私は素人なので病気になるメカニズムというものがわかりません。体の中でどのような現象が起き、細胞がどう変化したら病気なのでしょうか？」

私のように物理を学んだ人間は、何事も原因があって結果があるものだと思っています。ですから、物理的な原因を突き止め、それを改善しないかぎり、病気という結果を退治することはできないと思っていたのです。医学でもそういうことは当然明らかになっていると思い込んでいたのです。

ところが、私の予想に反して医師の方々は、明確な答えを出してくれませんでした。私は質問の内容をちょっと変えてみました。

「お医者様は薬を処方されますが、薬が体の中でどういう反応を起こして細胞がどう変化したことをもって、病気が治ったとするのですか？」

この質問にも、答えてくれる医師はいませんでした。

そして、よくよく話を聞いてみると、医師が行っている治療というのは、すべて対症療法だというのです。

「病気っていったい何なんだろう」

「生命体の中でどのようなことが起きて病気になるのだろう」

私の中でこの疑問は大きくなっていきました。

地球上の生命というのは、もとをただせば無機質から始まっています。しかし、生命体を構成している蛋白質《たんぱくしつ》とその栄養になるものをビーカーに入れてかき回しても、生命は発生しません。

何が足りないのかというと、反応を起こすための「場」がないのです。太古の地球で生命発生の場となったのが「水」でした。

蛋白質は水に溶けたときに初めてイオン化します。そしてイオン化することによって、引きつけ合ったり重なり合ったりして化学反応を起こし、生命体が誕生するのです。

生命体は、たえず化学反応を行っています。化学反応の結果、生まれるのは熱エネルギーと不純物です。熱エネルギーは、生命体の維持に使われ、不純物は不要なものなので体外に排出されるのですが、この不純物を運び出してくれるのもまた水なのです。

栄養素を取り入れ、体内に蓄えた水という場で化学反応を起こし、熱エネルギーを発生させ、そのときに出た不純物や余分な熱エネルギーを水によって排出する。私は、この循環を繰り返しているのが生命体なのではないか、と思うようになりました。

生命体の基本概念が循環であるならば、病気になるということは、この循環が滞るということなのではないでしょうか。

生命体は細胞の集まりです。生命を維持するためには、それぞれの細胞に栄養素が運ばれなければなりません。もちろん、各細胞で出た不純物も排出されなければなりません。しかし、生命体の中に入ってくるのは栄養素ばかりではありません。ウイルスや有毒な成分が食物に紛れて入ってくることもあります。それらを退治し分解するために、生命体は酵素やキラー細胞といった自衛手段をもっています。

自衛システムが順調に働いているうちはいいのですが、老化やストレスなどが原因で、循環に滞りが生じるようになります。不純物や分解しきれなかった毒素が体内にたまっていくと、体内の水分は汚れで飽和状態になってしまいます。

汚れで飽和状態になった水が体の中を流れていては、栄養素を運ぶことも、新たに生まれた不純物を運び出すこともできなくなり、死を招くことになります。細胞の栄養不良と、たまった不純物、これが病気を生み出している原因ではないかと私は考えたのです。

病気になったときに、栄養素が不足しているからと、やたらとビタミン剤やサプリメントを飲む人がいますが、あまり効果は期待できないでしょう。なぜなら、体内の水分が汚れで飽和状態になっているのに、どんどん栄養素をつぎ込んでも必要な細胞にまで運ばれないからです。

薬を飲んで病気の症状が改善されるというのは、たまたまその薬が汚れのたまっている部分を改善させる反応をしたということなのではないでしょうか。しかし、ここで忘れてはいけないのは、薬も体内で化学変化を起こすものだということです。化学変化が起こる以上、熱エネルギーと不純物は必ず出ます。そうするとこの薬によって生まれた不純物が、今度は別のところで滞り細胞に悪い影響を及ぼすことになります。これがいわゆる薬の副作用だと考えられます。

水はさまざまなものを溶かし込む性質をもっています。ただし、溶かし込めるものの量に限界があるのも事実です。

汚れた場所も、きれいな水をどんどんつぎ込めば、ある程度、汚れは改善されていきます。しかし、生命体の場合、汚れの詰まったパイプを洗い流すようなわけにはいきません。摂取できる水の量にもある程度限界があるからです。

では、普通の水よりものを溶かし込む能力にすぐれた水を入れることができれば、どうか。私が「太古の水」を開発した原点は、この発想にありました。

コップに水を入れて、どんどん塩を入れていくと、最初のうちは溶けますが、ある一定量を超えると、水に溶けずに底に塩が沈殿するようになります。これが飽和状態です。飽和溶液の濃度を溶解度といいますが、溶解度を上げる、つまり飽和状態のコップの水にもっと塩を溶かし込むためにはどうしたらいいでしょう。

まず一つ考えられるのは、水の温度を上げるということです。温かいコーヒーのほうが、冷たいコーヒーよりたくさんの砂糖を溶かすことができますが、それはお湯のほうが水よりも溶解度が高いからです。しかし、お湯を生命体に入れるわけにはいきません。それに、お湯も冷めてしまえば溶解度は元に戻ってしまいます。

もう一つの方法は、水に圧力を加えることです。圧力が加わると、水は溶解度を高めます。しかし、これも圧力を抜くと、また元に戻ってしまいます。

圧力を抜いても溶解度を高い状態のまま保つ水ができれば……。そこで思い出したのが、臨死体験の中で見た太古の地球の水でした。地球上で生命発生の場となったときの水の状態は、ごく自然に活性化していました。

地球に生命が発生したのは、月となった巨大彗星が大量の水を地球にもたらす前のことです。そこで現在の海面から増えた分の水を取り除き、当時の地球の引力を計算してみたところ、今よりも少しだけ気圧が高くなることがわかりました。

つまり、生命を発生させた「太古の水」は、今よりも溶解度が高かったと考えられるのです。

私は早速、当時の状況を再現してみました。ところが、思うような結果は得られません。

何か見落としていることがあるはずだ。そう思って再検討してみると、空気の密度を計算していなかったことに気がつきました。大量の水が増える前の地球の大気は、今よりも密度が濃かったのです。現在の水は、大量の水が降り注いだときに、大気を大量に吸収しています。その現在の水の状況をもとに計算していたので狂いが生じたのです。

現在の水から海に溶け込んだ分の大気を引き、再度実験を試みました。すると不思議なことに、溶解度が高いだけでなく、腐りにくい水ができたのです。

しかし最初のうちは、気圧を抜くと水は元の状態に戻ってしまい、常温・通常気圧下でも高い溶解度を保つ水を作ることはできませんでした。何度も何度も気圧をかけたり抜いたり、臨死体験で見た太古の地球の環境を思い出しながら、さまざまな実験を繰り返しました。

その結果、常温・通常気圧下でも高い溶解度を保つ水を作ることに成功したのです。

詳しい製法はあまりにも複雑なので、ここでご紹介することはできませんが、その方法の鍵になったのは太陽エネルギーを水に当てることでした。さらにその水を蒸留し不純物をすべて取り除くことによって、溶解度のとても高い活性化した水を完成させることができたのです。

この水を作ることは、私にとって臨死体験で見てきたものを証明するための作業でもありました。臨死体験の中で見た太古の地球の状態、その環境を計算によって求め、再現することになったからです。


不思議なことに、この「太古の水」は、原液のままよりも薄めたもののほうが活性度が高まるのです。私が通常、原液と呼んでいるものは、実は、「太古の水」を一万倍に薄めたものです。飲用として用いるのは、それをさらに千倍に薄めたものです。

なぜ、薄めたほうがエネルギーが活性化するのかは、私にもわかりません。ただ、自然水やミネラルウオーターに原液を一、二滴垂らすと、水全体が活性化するという結果が出たことは確かでした。

調べてくださった先生は、ホメオパシーの理論と似たようなことが起きているのではないかとおっしゃいましたが、何度調べても同じ結果が出たのですから、理屈はどうあれ、薄めたもののほうが生命体を活性化させることは確かなようです。

「太古の水」の活性力を調べるために、次のような実験をしたことがありました。まず、工場排水で汚染された川の水を二リットル汲《く》んできて、それを五〇〇ccのペットボトル四本に分けます。

そのうちの二本はそのまま蓋を閉め、残りの二本には一千万倍に薄めた「太古の水」を二、三滴垂らして密閉します。両方ともよく日の当たる窓辺に置いて、どのような変化が起こるか観察しました。

三か月たつと、何も入れていないほうの水はピンク色に変色して悪臭を放ちました。それに対し、「太古の水」を垂らしたほうは、底のほうに沈殿物がたまっていましたが、上のほうは澄んだ水になっていたのです。悪臭もありませんでした。

何が起きたのだろうと、私は両方の水を持って松本歯科大に水の残留物検査を依頼しました。すると、ピンク色に変色したほうは、化学物質が変化し毒素を出していたのですが、澄んだ水のほうは、珪藻《けいそう》という藻が発生して化学物質を完全に分解してしまっていたのです。

もともとはまったく同じ汚染された水です。容器も置いておいた場所も同じですから、「太古の水」の活性力が作用したとしか考えられません。

水の検査をしてくださった松本歯科大の先生は、「この水には細胞を再生し、蘇生させる力があると考えられる。その結果、水を浄化したのだろう」とおっしゃいました。

「太古の水」は、人間だけでなく、地球環境を活性化させ、浄化に導く力を秘めていたのです。

「太古の水」は意図的に作った水ではありますが、それは太古の地球にあった水の状態を再現しただけであって、何か薬のような成分を加えているわけではありません。むしろ、不純物を取り除いた純粋な水です。

水の中に含まれている成分を調べる機械にNMRというものがあります。これは超伝導状態に磁界をつくり上げ、そこに水をぶつけて振動させることによって、水の中に含まれる成分を読みとるという機械です。

カルキやミネラルなど通常の水に含まれる成分には、それぞれ固有のエネルギーがあります。内容物が多い水は、水以外のエネルギーが加わりますから、高い数値が出るということになります。

この機械で調べてみたところ、蒸留水は六〇～七〇ヘルツ、コンビニなどで売られているミネラルウオーターは一二〇ヘルツ、水道水は一三五ヘルツという数字が出ました。

「太古の水」は蒸留水ですから、六〇～七〇ヘルツのはずなのですが、実際にNMRで原液を調べたところ一三四・二八ヘルツという驚くべき結果が出たのです。

これには担当の先生も、機械が壊れたのではないかと心配したほどです。しかし、機械を確かめて、何度測り直してみても結果は同じでした。そこで今度は原液をさらに一万倍に薄めたものを測ってみたところ、なんと原液のときよりもさらに高い数値になったのです。

「こんな水は地球上には存在しない」

それが計測してくださった先生の素直な感想でした。

いいことずくめのゴミ処理システム構想

工場の排水による水質汚染を声高に騒ぎ立てる人がいますが、実は今の社会で最も水を汚しているのは人間の排泄物《はいせつぶつ》です。人間の排泄物に含まれるケミカル薬品による汚染が、最も深刻な問題となっているのです。

現代人は、昔では考えられないほど大量の薬を飲んでいます。それが分解されずに排泄物の中に溶け込んでいるのですが、その量は、工場排水など問題にならないほど膨大な量だといわれています。

「太古の水」のすぐれた点は、飲んだ人の体を活性化させるだけでなく、排泄物の中に含まれる化学物質を分解する働きをもつことです。人の体を活性化させる水を飲むことが、地球の水質を守ることにつながるというのは、ちょっと素敵だと思いませんか?

この水を調べてくださった先生は、私にこんなことをおっしゃいました。

「もしかしたら生命体というのは、水をきれいにするためのフィルターとして生まれてきたのかもしれないね。地球の水にいろいろなものが溶け込んで、自ら浄化しきれなくなったとき、生命はつくり出されたのかもしれない」

水の浄化に可能性が見えてきたとき、新たに浮上してきたのが、産業廃棄物の問題でした。私の住む長野県は、自然が豊かな場所だといわれていますが、最近は産廃業者によって築かれたゴミの山をあちらこちらに見かけるようになりました。

車やさまざまな電化製品がシュレッダーで細かく砕かれ、山のように積まれていきます。そのゴミの山は、さまざまな毒素を含んでいます。それが雨によって溶け出し、土壌にしみ込み、地下水を汚染し、川や海をも汚していきます。さらに汚染された土壌で育った作物が人体に入り、排泄物となってまた大地を汚染します。

ゴミ処理場の煙に含まれるダイオキシンも、目に見えませんが、大気を汚し、さまざまなところに悪影響を及ぼしています。

あまりにも毒性が強くて、燃やすことができないゴミというものもあります。

たとえば、電柱の上のほうにバケツのような形をしたドラム缶が載っていますが、あの中に詰まっているのはＰＣＢ（ポリ塩化ビフェニル）という猛毒です。これは世界中で問題になっているのですが、あまりにも毒性が強すぎて燃やすことができないのです。他にも核廃棄物や古くなった核兵器、これらは処分しきれず保管しているというのが現状です。

ダイオキシンを発生させるビニールも、家電などのシュレッダーゴミも、高温で焼却すれば何とかなるといわれ、二十億円、三十億円もの大金をつぎ込んで高温の焼却炉が造られましたが、毒素を完全に消し去ることはできませんでした。

そして、新たに登場してきた問題が、ＢＳＥ（狂牛病）問題から派生した肉骨粉の処理です。肉骨粉は現在の焼却設備では燃やすことができない実にやっかいなゴミなのです。

通常の焼却炉は、簡単にいえば網の上にゴミを載せ、その下で空気を送り込みながら火を燃やしゴミを焼却するようになっています。ところが肉骨粉というのは

「粉」ですから、通常のゴミのように網に載せることができないのです。それに、かりに燃やす方法が見つかったとしても、BSEを引き起こす問題のプリオンは熱では分解されないため、焼却したあとの灰を処分することもできないのです。

「木内さん、何かいい方法はないかね」

肉骨粉の処分に困り果てた地元の酪農家が軽い口調でこぼしたグチが、私の中にあった一つの構想と結びつきました。私は以前から太陽の光エネルギーを利用したゴミ処理システムというのを考えていたのです。

私が考えた原理は、とても単純なものです。しかし、その方法でゴミの処理を試みた人がこれまでいなかったのも事実です。

私が考えたゴミ処理システムとは次のようなものです。

まず、高熱に耐えられるセラミックの筒のようなものにゴミを入れます。それに耐熱ガラス製の蓋をかぶせます。蓋をしたら、筒の中の空気を全部抜き真空状態にしておいて、大きなレンズを使って集めた太陽光を筒のガラス蓋を通してゴミに照射します。照射する太陽光の温度は約二〇〇〇度になります。

この方法を用いると、ゴミは燃えるのではなく、一瞬にして炭化してしまいます。

炭化するときに発生するのは、水素と水、それからメタンです。ゴミは純粋な炭素になるのですから、ゴミを資源に作り替えるシステムといってもいいかもしれません。

光というのは熱ではなく振動です。この振動が物質を揺さぶり熱を出させるのです。レベルは違いますが、電子レンジの原理を思い出していただければよいでしょう。電子レンジでは、物質を電子が揺さぶり熱を出させることによって温めますが、このゴミ処理システムでは二〇〇〇度の光がもつ振動によって、物質を構成している分子、原子のつながりをすべてバラバラにしてしまうのです。

物質というのは、さまざまな分子や原子の結合によって成り立っています。その結びつき方によって、有毒だったり有害だったりするのですが、それを原子のレベルにまで分解してしまえば、一瞬にしてもとの無害なものにしてしまうことができるのです。

これまでのゴミ処理は、すべて燃焼という方法でした。物を燃やすということは、物質を酸素と結合させるということです。この方法では、どうしても余分なものが出ます。それがダイオキシンのような有毒なものになってしまうわけです。

しかし、私が考えたシステムは燃焼させるのではなく、振動によって発熱させ、物質を構成している分子の結合を分解し、炭素化させるというものです。この方法を用いれば、エネルギー資源を使うことなく、二酸化炭素を放出させることもなく、PCBのような有害な物質も無害な炭素に変えることができるのです。酸素も必要としませんから、肉骨粉のような粉状のものも処理することができます。

私がこのシステムを具体化させるにあたって試算したところ、二〇〇〇度の光を集めるのに必要なレンズの大きさは、直径四メートルほどでした。一つのセラミック容器に約一〇〇キロのゴミを入れた場合、直径四メートルのレンズで集めた太陽光を照射すれば、十秒以内で完全に炭化するだろうと考えられます。ですから、セラミックの容器をいくつも作り、ベルトコンベアのようなもので次々と光を照射するような設備を造れば、巨大な焼却炉を造らなくても大量のゴミを安全かつスピーディーに処理することができるようになるのです。

しかも、太陽光というのは誰でも無償で活用できるエネルギー源です。ゴミ処理施設自体も、通常の巨大な焼却炉を持つものの半分以下の費用で造ることができるうえ、ダイオキシンのような毒素を出す心配もないので、ゴミ処理場を建てる場所にも悩まなくてすむようになるでしょう。

このゴミ処理システムでは、ゴミは資源に生まれ変わります。この方法で炭化したものは、一〇〇パーセントに近い純度を誇るカーボン（炭素）になるからです。最近は、竹炭が水や空気をきれいにするとして人気を博していますが、効能からすればここで作られるカーボンはより良質のものです。無害どころか、数限りない効用が考えられます。

純度の高いカーボンは非常に伝導率が高いので、バッテリーや電線の素材にも最適です。現在は純度の高いカーボンを手に入れることが難しいので、バッテリーはかなり大きなものになってしまっていますが、純粋なカーボンさえふんだんにあれば、もっと小型のバッテリーを作ることも可能だといわれています。このシステムが動き出せば、ゴミが高価な資源となることも間違いないでしょう。

また、このシステムには他の活用法も考えられます。ゴミの代わりに水をセラミック容器に入れれば、簡単に二〇〇〇度のスチームをつくり出すこともできます。そのスチームを使ってタービンを回せば、電気をつくり出すこともできるのです。それによって、原子力よりはるかに安全で安価な電力を、需要に合わせて作ることが可能になります。さらにゴミから生まれた純度の高いカーボンを用いて蓄電システムをつくることができれば、無理をして夜に大量の電力を消費する必要もなくなり、光害を軽減させることもできるでしょう。

このシステムを具体化するために協力してくださった専門家の方々は、みなさん一様に画期的なものだとおっしゃってくださいましたが、このシステムは実は私にとってはそれほど目新しいものではありませんでした。

その発想の原点は、太陽望遠鏡にあったからです。

太陽望遠鏡というのは、太陽という巨大な火の玉を観測することを目的とした望遠鏡です。太陽を拡大して見るにはレンズを使わなければなりませんが、普通に光を集めたのでは光が強すぎて、とても見ることができません。そこで、いったん集めた光をわざと拡散させ減光させているのです。こうして最終的にはサングラスをかければ安全に見ることができる程度にまで減光し、太陽を観察するのです。

ですから天文をやっている人間にしてみれば、それまでわざと拡散させていた太陽の光をそのまま集めればいいのですから、むしろ簡単なシステムなのです。

私がこのシステムを提案したときに、二〇〇〇度もの光を鏡で集めると、反射鏡が熱で溶けてしまうのではないかと心配する人もいましたが、私は最初から心配していませんでした。光は鏡面で反射してしまうので、こもる熱の量は少ないことを知っていたからです。

ですから、このシステムは太陽望遠鏡を扱い慣れている天文家ならではの発想なのかもしれません。

現在このシステムは、すでに研究が進んでいて、テスト機や初号機の建設に向けて動きはじめています。

私は、このシステムがこれまで処理できなかったゴミを処理し、資源に変えるというだけのものではないということを多くの方に知っていただきたいと思っています。発想の基本は人間のためではなく、自然界のバランスを整えるためだからです。

人間の築いてきた文明は、これまで多くの自然環境を破壊してきました。しかし、それはお金を目的にした文明だったからです。私たちは地球環境を守ることを目的に生きることができるし、またそれを実現させるだけの能力をもっているはずです。

そのためには、自分は何を目的に社会生活を営んでいるのかということを、一人ひとりがもう一度見つめ直すことから始めなければなりません。

謙虚な気持ちをもてば熊とも仲よくなれる

これまで人類が築いてきた文明は、便利さやお金儲けを目的としたものでした。しかし、それは自然の循環システムを無視した身勝手なものではなかったでしょうか。

近年、自然破壊や環境問題がクローズアップされることが多くなってきました。そうしたときに声高に叫ばれるのが「共生」という言葉です。でも私は、この言葉を聞くたびに、少し違和感を覚えます。なぜなら共生というのは、人間側から自然を見たときの理論だからです。

本来、人と自然の共生というのは当たり前のことです。すべては地球上で生きているのですから、今さら叫ぶまでもなく私たちは共に生きていますし、共に存在しなければ、互いに生きていくことはできません。

共生という言葉を旗印に自然保護運動を行うことは、自然と人間を異質なものだといっているようなものです。異質なもの同士が共存、共生していくためにどうしたらいいのかという発想では、目の前にある危機を乗り越えることはできないでしょう。

人間も自然の一部です。自然の一部である人間の役割とはどのようなものなのか、そう考えたときに初めて、人間中心思想では見えなかったものが見えてくるのだと思います。

人間はたしかに他の動物にはない知恵と力をもっています。人間は、自分たちの頭で、今何を行うべきなのか考えて行動するという、他の動物とは少し異なった役割を担って生まれてきました。でもだからこそ、他の生命体にかかわるときには謙虚な心で臨まなければなりません。

私は彗星捜索をしていたとき、山で一頭の熊と出合ったことがありました。

山は野生動物のテリトリーです。彼らの世界に私が入り込んでいくのですから、人間だからと大きな顔をせずに、動物界のルールに合わせるというのが私のスタンスです。自然の中で観察するのですから、多少の危険も覚悟していました。それでも、実際に熊が現れたときには、本当にビックリしました。

最初に熊に気づいたのは、望遠鏡をのぞいていたときです。接眼点の脇から入ってくるはずのかすかな光が消えるとともに、何か大きな動物の気配が漂ったのです。その方向へそっと目を向けると、大きな黒い塊がうごめいていました。熊は通常、大きな声を出すと警戒して逃げていきます。ですからそのときも、「ウッウン」とできるだけ大きな咳払《せきばら》いをしました。

本当のことをいうと、咳払いをするのが精いっぱいだったのです。少し行けば車も停めてあったのですが、腰が抜けたようになってしまって体が動かないのです。咳払いが効いたのか、熊は間もなく姿を消しました。そこで帰ればよかったのですが、ホッとした私は、また観測を続けてしまったのです。

それからどれくらいたったころでしょうか、すっかり安心していた私の背後に突然「ハァハァ」という犬が息を切らしたときのような声が聞こえたのです。背中が粟立《あわだ》つのが自分でもはっきりとわかりました。私はおそるおそる足元に置いてあった懐中電灯を拾い、後ろを振り向くと同時にスイッチを入れました。閃光《せんこう》とも感じられるまばゆい光の中に浮かび上がったのは、一メートルほど後方で前脚を上にあげ、今にも飛びかかろうとしている熊の姿でした。

　私は息をすることも忘れ、そのままの姿で固まっていました。しかし、熊はゆっくりとUターンして茂みへ戻っていったのです。

　それから後は何も考えられない真っ白な状態が明け方まで続きました。ぼんやりと、とにかく夜が明けるまではへたに動いては危険だと思っていたことだけを覚えています。

　夜が白々と明け、辺りの様子がはっきりとわかるようになって気がついたのですが、私が観測していた場所は、草がなぎ倒され道のようになっていました。そうです。そこは獣道だったのです。私が熊の通り道をふさぐ形で観測をしていたから、熊は何度も現れたのです。


　危うく熊に襲われそうになった私ですが、それは私が熊の通り道をふさぐような場所で観測していたからです。

動物にはそれぞれ行動圏があります。ふだんの生活の中で移動するとき、動物は決まった場所を通ります。繰り返し同じ場所をたどるため、草や藪《やぶ》がなぎ倒され道のようになるのですが、それを獣道と呼びます。

私が双眼鏡を置いて観測していたのが、まさにその獣道の上だったのです。そこはトウモロコシ畑の近くで、熊にとっては何かと都合のいい場所だったのでしょう。しかし、私も観測に適したその場所をあきらめることができませんでした。何とか、ここを自分のテリトリーだと熊にわからせる手段はないものか。そこで考えたのがマーキングという方法でした。

マーキングとは、犬が散歩のときに電信柱にオシッコをかけている、あの行為です。

観測ポイントの辺りを注意深く調べてみると、植物が枯れたマーキングポイントらしき場所が何か所か見つかりました。そこのなるべく高い位置に自分のオシッコをかけてマーキングしておきました。動物たちを観察してわかったのですが、マーキングというのは、高い位置にしたほうがテリトリーを主張できるルールになっているのです。

さて、夜になって観測をしていると、案の定、先日とちょうど同じような時刻に熊が現れました。でも今度は予想していたので、驚かずにすみました。じっと熊の様子を見ていると、ちょうどマーキングした辺りで、フンフンと鼻を鳴らし臭いをかいでいるのがわかります。散々臭いをかいだ熊は、ぐるぐると回って今度は何とか私のものよりも高い位置にマーキングしようとするのですが、どうしても二本足の人間にはかないません。しばらくは恨めしそうに辺りをウロウロしていましたが、やがてあきらめて迂回《うかい》していったのです。

熊とのテリトリーをめぐる攻防はその後も続きました。臭いはだいたい五日で消えてしまうので、またマーキングをしなければならないのですが、そのときに熊は、私のテリトリーを少しでも狭くしようとして、マーキングの位置を内側にずらしてくるのです。それに対し、私は元の位置にマーキングして自分のテリトリーを確保します。そうした自然界のルールの中での攻防はあるのですが、そのルールを犯して熊が襲ってくることは一度もありませんでした。

こちらが人間でも、自然界のルールに則《のっと》った行動をとれば、熊はむやみに襲ってくるようなことはしません。それは私が身をもって体験したことですから、はっきりということができます。

そんな攻防を何か月か続けているうちに、熊はだんだんと私の存在を認めてくれたようでした。コイツはいつもここにいるのだと思うようになったのか、警戒しなくなったのです。

警戒しなくなったのは、私も同じです。警戒するどころか、何か友情か愛着のようなものをその熊に感じるようになっていったのです。

山の畑が熊に荒らされて、地元の猟友会の人たちが熊を捕獲するための罠《わな》を仕掛けることになったのは、ちょうどそんなころのことでした。

猟友会の人たちは、夜山へ向かう私にも、あそこは熊が出るから気をつけろというのですが、そんなことは百も承知です。「夕べも出ましたよ」と涼しい顔で答えて驚かれたこともありました。そのころは熊とも折り合いがついていたので、襲われることよりも熊が罠にかかってしまうことのほうが心配だったのです。

熊のことが心配になった私は、猟友会が仕掛けた罠のところへ行ってみました。その罠は、私が観測していた場所から二〇メートルほど離れた場所にありました。丈夫な鉄製の檻《おり》の中にリンゴやハチミツといった熊の好物が置かれ、それに誘われて熊が檻の中に入ると戸が閉まって出られなくなるという仕掛けです。

山はもともと動物たちのテリトリーです。そこに人間が入ってきて、勝手に木を切ったり畑を造っておいて、作物を荒らされたからといって熊を殺すというのが、私にはどうしても納得できませんでした。自然界のルールを犯しているのは、人間のほうなのではないか——そんな思いがあったのです。

そこで私は、その罠の周りにもマーキングよろしく自分のオシッコをまいておいたのです。

案の定、熊は罠に近づきもしませんでした。

私はその場所で四年間観測を続け、熊との関係は彼がテリトリーを変えるまで続きました。彼がテリトリーを変えるきっかけとなったのは、結婚だったようです。なぜ私がそう思うかというと、私が観測しているところに、まるで「これが女房です」と見せるようにメスの熊をともなって現れたことがあったからです。

野生動物と人間の間で友情が芽生えたなどというと、そんなことはあるわけがないと笑われるかもしれませんが、これは実際の出来事なのです。

私は人間に限らず、どこへ行っても友達をつくることができるようです。

長い間、山で観測を続けていて、仲よくなったのは熊だけではありません。なかでも大の仲よしになったのは、ヤマネというリスに似た小型の動物でした。

最初のうちはチョロチョロっと出てきて、足元で臭いをかいでいるぐらいだったのですが、こちらの対応を見ながら少しずつ行動範囲を広げていき、最後には背中に乗ってきたり、観測中の望遠鏡の中に落ちてきたりと、とても野生動物とは思えないほど慣れてしまったのです。

彼らはペットのように飼い慣らされたわけでもなければ、野生の警戒心を失ったわけでもありません。私を山の住人として認めてくれ、彼らのふだんの姿を見せてくれたのです。

野生動物と人間は、人間が思っている以上に心を通わせることができると私は思っています。しかし、それには人間側が自然のルールを犯さないということが絶対条件です。

以前、私が標高一三〇〇メートルという山の中の別荘地のレストランでアルバイトをしていたとき、ヘビと友達になったこともありました。

その店のアプローチには、たびたびシマヘビが現れていました。私も最初は気持ち悪いなと思っていたのですが、毎日のように会うようになって、少しずつ見る目が変わっていきました。

思いきってなでてみようと近づくと、野生のシマヘビは警戒してすぐに逃げてしまいました。そこで、一歩ずつ間合いを詰めるようにしたのです。

これは野生の動物と友達になるときのルールです。熊にしても野良犬にしても、野生動物は少しずつ相手との距離を縮めることで、安全性を判断します。

ヘビに対して私は、出合うたびに少しずつ近づいていきました。すると、手が届くほどの距離まで近づいても逃げなくなったのです。こうして私は、野生のシマヘビをなでるという信じられないコミュニケーションを成功させたのです。

慣れてくると、今度はシマヘビのほうから私に近づいてくるようになりました。私が店の前で、「あれっ、今日はいないのかな」と待っていると、近くの茂みからツツツッと現れて私の足元でちょこんとトグロを巻いて顔を見るのです。それはまるで「なでて」といっているようでした。

バランスをとることがすべての基本

野生動物による農作物被害は、山に動物たちがたくさんいた昔よりも、最近のほうが多くなっています。

動物の数は減っているのに、なぜ被害は大きくなっているのでしょうか。

答えは、山で動物たちの食料となるものが減ってしまったからです。

川はダムでせき止められたり、護岸工事が施されたために魚のすみにくい環境になってしまいました。

山は緑の木々で覆われていますが、杉や檜《ひのき》など建材になる木ばかりが優先して植えられたために、動物たちの食料となる実をつける木が極端に減少しています。

山に食べるものがないから、動物たちは里に下りてきて農作物やゴミをあさってしまうのです。

昔は、山にすむ動物たちと里の人間たちが互いの生活圏を侵すことなく生活できるよう、人間たちがきちんと手を打っていたから、被害が少なかったのです。そうした生活の知恵は、私が子供のころまではまだ残っていました。

山里に畑を造るとき、昔の人は必ず山の麓に動物の食物となるような木を植えていました。ドングリやスグリ、しいの木やコケモモ、豊かに実をつける木々を動物たちのために人間が植えていたのです。動物たちは、里近くまで下りてきても、それらの木の実を食べておなかがいっぱいになるので、畑まで荒らすことはありませんでした。

今のように畑の周りにネットを張ったり電流を流したりしなくても、野生動物も人間も豊かに暮らせる文化をもっていたのです。

農作物の収穫祭というのも、生活の知恵の一つでした。山の神に農作物を捧《ささ》げると称して、作物の一部を山の中に置いてきます。これが実際には冬場、餌の少ない動物たちの貴重な食料になっていたのです。

こうして昔は、動物たちと人間が共に豊かに生活するための知恵がたくさんあったのです。昔と今とでは環境も人の生活も違いますから、そのまま過去に戻ることがよいとは私も思いません。しかし、今の私たちが過去の知恵から学ぶべきことはあるのではないでしょうか。

命の循環を続けるには、人間だけではなく、他の生き物たちにとっても豊かに生活できる環境がなければいけません。

自然と共に生きるのではなく、自然の中で、自然の一部として人間が生きるためにはどうすればよいのかということを、私たち人間は考えていかなければならないのだと思います。

地球という星で命の循環を継続させるために最も大切なことは、バランスを保つことです。

一口に「バランス」といいましたが、これをより具体的にいうなら、生と死のバランスということになるでしょう。永遠の命というものはありません。命あるものは、必ずいつかは死を迎えます。

この死を補うのが新しい生命の誕生です。親が子を産み、親が死ぬころには子が成長してまた新しい命を産み出していく。こうして誕生と死を繰り返すことによって、命は受け継がれ循環していくのです。個体数の減少や、環境の変化によって新しい命を産み出すことができなくなった種は、命の循環が滞り他の生命体に影響を及ぼすことになります。命の循環は食物連鎖というサイクルによってつながっているからです。

一つの生命体が生きていくためには、別の生命体の命をもらわなければなりません。植物を食べて生きる草食動物、草食動物を食べて生きる肉食動物、植物も動物も食べる人間……。ものを食べるということは、命を受け継ぐことです。

こうした命の循環システムは非常によくできています。自然界では、無駄な死というものはありません。植物や動物の屍《しかばね》は、誰にも食べられなかったとしても、腐るという過程を経て土壌の栄養分となり、植物を養います。

私は山で天体観測を続けていたとき、生ゴミが出ると、その場に穴を掘って入れておき、あとでまとめて捨てることにしていました。観測をしているのは夜ですから、ふだんはどれくらいゴミがたまったのかわかりません。何日かたち、そろそろ生ゴミがたまっているだろうから片づけなければと思って穴を見るのですが、たいていは空っぽになっていました。

　これは、私の捨てた生ゴミをネズミや鳥など山の動物たちが食べてしまっていたからでした。私が捨てたものを動物たちが食べ、動物たちが食べたものが糞《ふん》となり、その糞は大地に吸収され、微生物によって分解され植物の栄養になる。自然は実に合理的な循環システムをもっているのです。

　しかしこの循環システムには、限度というものがあることも事実です。

　動物が処理しきれないほどの生ゴミを人間が置いてしまえば、ゴミは腐って悪臭を放ちます。腐るということは、実は微生物が分解していることですから、これも循環の一過程ではあるのですが、悪臭を放つというのは、循環があまりうまくいっていないことを示す一つの目安となります。

　実は物が腐ったときに悪臭が発生する原因は、酸素不足による不完全燃焼なのです。ですから、穴の中にゴミがたまりすぎて悪臭を放つようになったときは、土を入れてかき混ぜるなど人為的に手を加えることが必要になります。かき混ぜれば、酸素によって反応が進むので臭いは消えてしまいます。

人間の出すゴミが動植物系の物だけなら、多少手間と時間をかければ自然の循環に組み込むことができます。問題なのは、ビニールやプラスチックなど石油製品のゴミです。

石油ももとをただせば動物の死骸ですから、長い時間をかければいろいろな菌の働きによっていずれは分解されます。しかし、それには膨大な時間がかかるうえ、生物にとって有害な物質になってしまうことも少なくないのです。

石炭や石油がなぜエネルギー資源といわれるのかというと、循環されずにたまったエントロピーそのものだからです。

植物は大地からの栄養と太陽からの熱エネルギーを受け生長します。エネルギーを大量に含んだままの樹木が大地に埋まり腐ることなく長期間にわたって加圧され変質したものが石炭です。同様に動物の体が腐ることなく大地に埋まり長期間圧力がかかったものが石油となります。これらは生物がもっていた大量のエネルギーが、形を変えたものといえます。

これらエネルギー資源は、燃やすと熱になります。熱はどんどん上昇し、宇宙に放出されます。こうして地上で増えつづけたエントロピーは、最後は熱になることによって宇宙に放出されます。

地球が太陽から受けた熱は、生命体のエネルギーとなり私たちの生活を支えています。このエネルギーも最終的には熱に変わり宇宙に放出されます。大きな視野で見ると、こうした大きな循環というものも存在しているのです。


最近は種の保存ということがいわれますが、何でもかんでも保護すればいいというものではありません。同じ命でも残すべきものと残してはいけないものが自然界には存在すると思うからです。ある種の動物ばかり増えすぎるのは、その種が絶滅するのと同じぐらい生態系に深刻な影響を及ぼします。

すべてはバランスなのです。

自然界には弱肉強食だからこそ保つことができるバランスというものもあります。

私たちは客観的な視点で、自分たちのことも省みなければなりません。自然界のバランスという視点から見たとき、人間という動物は適正な数を保っているといえるでしょうか。

私は残念ながら増えすぎてしまっていると思います。

何も増えすぎたから殺したほうがいいというのではありませんが、どこかで数を少なくしていかなければならないことは、一つの事実として認識しておく必要があると思っています。

地球上で人間が増えすぎているということは、他の種が減ってしまっているということです。それが植物の集合体である森林や、そこを生活の場としている動物たちであることは、いうまでもないでしょう。

森の生態系を観察するとよくわかるのですが、一つの生命体は他の生命体を生かすために存在しています。

動物は植物を生かすために存在しています。自分では動くことができない植物のために昆虫は受粉を助け、鳥は実を食べることによって種を遠くへ運びます。地面に草が生えすぎないように動物は草を食べ、その動物が増えすぎて植物がなくなってしまわないように草食動物を捕食する肉食動物が存在しています。植物が動物を生かし、動物は植物を生かしているのです。

このシステムは一見すると完成しているように見えます。人間などいなくても生命の循環は保たれるようにも思えます。

では人間が自然の中で行うべき役目とは何なのでしょう。地球上に人間が存在している以上、人間でなければできない役目というものが必ずあるはずです。

それはバランスの調整ではないでしょうか。

動物も植物もそれぞれが重要な働きを担っていますが、些細《ささい》なアクシデントでこのバランスは乱れてしまいます。気象条件、天候不順、火山の噴火や地震などでも、動植物の生態系は変化してしまいます。ある場所で特定の種が増えすぎただけで、生態系のバランスは崩れてしまいます。

余っているものを不足しているところに移したり、増えすぎたものを適正な数に戻したり、足りない個体数を増やしたり、地球全体を見ながらバランスを整えるという作業は、知恵と力と行動力をもった人間でなければできないことです。

農業や家畜の放牧というのも、最初はそうした効果をもたらしていたのかもしれません。

しかし、今は生態系のバランスを整えるためではなく、生産性を上げ利益を得るための工夫しかなされていません。だから農薬を使って、作物の形を矯正したり虫を駆除したりしてしまうのです。化学薬品をまくことがどれほど環境を汚染するかということより、楽をして生産性を上げたいという人間のエゴが優先されているのです。

これまで築き上げてきた文明は、人類だけのためのものでした。自然の中でのバランスを一切考慮してこなかった結果が、現在の環境破壊を生み出したことは事実です。

しかし、私はこうした人類の歩み自体を否定はしません。お金や便利さばかりを求めてしまった進化の方向性は必ずしもいいとはいえないかもしれませんが、そのおかげで人類が得たものもたくさんあるからです。

科学が進歩したことによって、人類はより多くの知恵と道具を手に入れました。これから私たちが考えるべきことは、得た道具を何のために使っていくかということではないでしょうか。

自然のルールに沿ったボランティア活動とは

私たちは今、科学の力を結集しなければ回避しきれない自然の脅威に直面しています。地球に衝突する可能性をもつ小惑星や彗星の存在です。

地球から約三八万キロの範囲に接近する天体を地球近傍小天体（Near-Earth Object）、略して「ＮＥＯ」と呼んでいます。三八万キロというと、とても遠く感じるかもしれませんが、宇宙では目と鼻の先といってもいいほどの近さです。

ＮＥＯの規定をなぜこの距離にしたのかというと、地球から月までの距離がほぼ三八万キロだからです。つまり、月よりも地球に近づく天体をＮＥＯと呼んだのです。

ＮＥＯの大きさはさまざまで、直径一〇キロ以上もある小惑星から、一〇メートルほどのものまであります。ごく小さな小惑星と地球の衝突はたびたび起きています。塵のように小さいものは流れ星となって夜空に光を発するだけですが、これが燃え尽きることなく地表にまで到達すると隕石と呼ばれます。

巨大な隕石は地球にとても大きなダメージを与えます。

一九〇八年六月三十日にシベリアのツングースカに落ちた隕石は、大爆発によって広大な森林を根こそぎ焼き尽くしたことで有名ですが、それでも隕石の直径はわずか六〇メートル程度だったといわれています。あの隕石は落ちたのがたまたまシベリアの森林だったため、奇跡的に人的被害は出しませんでしたが、同じ規模の隕石がもしも東京に落ちたら、関東平野はすべて火の海となってしまいます。

わずか六〇メートルの隕石でもこれほどの被害を出すのです。現在の研究によると、直径五〇〇メートルの隕石がぶつかったときの破壊力は、現在地球上にある核兵器を一か所に集めて爆発させたのに匹敵するといわれています。直径が何キロもあるような巨大な隕石が落ちたら、地球の生態系に壊滅的な被害を与えることは必至です。

それでも直径一キロ以上のＮＥＯについては捜索が進み、これまでに一千個以上が見つかり、観測が進められています。しかし、一キロ未満の小さなＮＥＯについては、確定が難しく捜索が難航しているというのが実情です。

もちろんこうしたＮＥＯの捜索と観測は現在、世界各国で行われています。日本では岡山県美星町に観測センターを持つ「日本スペースガード協会」というＮＰＯが中心となって活動をしています。

ＮＥＯの捜索が始まったのは、一九九二年に私が再発見したスウィフト・タットル彗星が二一二六年に地球に衝突するかもしれないといわれたのがきっかけでした。ですからＮＥＯの研究は、始まってからまだ二十数年しかたっていないのです。

研究の結果、地球は宇宙の中でものすごく危険な旅をしているのだということがわかってきました。私たち人類はそのことを知らなかっただけなのです。今まで壊滅的な被害を受けることがなかったのは、たまたま運がよかっただけといえるでしょう。

近年、ＮＥＯとのニアミスは数多く報告されています。

最も地球に近づいたものでは、一九九四年十二月に小惑星が地球からわずか一一万キロのところを通過しています。また、二〇〇二年六月十四日に小惑星（直径約一〇〇メートル）が地球から一二万キロの距離を通過していたこともわかっています。実は二〇〇三年までの十年間に、月よりも近い距離を通過した小惑星の数は六個にも及んでいるのです。

小惑星が地球と衝突する危険は、最近始まったことではありません。そのことは、小惑星の衝突を示すクレーターが地球上に数多く存在していることからもわかります。現在地球上にあるクレーターは確認されているだけで五十九個もあります。しかもこれは陸上のものだけで、地球の七割を占める海のクレーターは含まれていません。さらに、ツングースカの場合のように、空中で爆発したものはクレーターをつくりませんから、これまでいくつの小惑星が地球に激突しているのか、実際には把握しきれていないのです。

人類が誕生してからこれまで、地球がNEOによる壊滅的な被害を受けなかったのは、幸運な偶然としかいいようがありません。ところが、近年の天文学の発達によって、この幸運は宇宙の周期によるものだということがわかってきたのです。

実は小惑星の接近には周期があるのです。

その周期は、太陽系そのものの動きと関係があるものでした。

太陽系は銀河面を、ウエーブを描くように上下しながら移動していると考えられています。そのウエーブは三千万年から三千五百万年の周期をもっています。そして、ちょうど銀河の中心線上を通過する時期になると、太陽系が振動させられるようなかたちで物質流と呼ばれる流れが活発になり、小惑星が地球に接近する確率が急激に高まるのです。なぜ銀河の中心線上を太陽系が通過するときに小惑星の動きが活発になるのかというと、そこが銀河を構成している渦の中心部にあたるからです。

太陽系が銀河の中心部を通過する期間、つまり太陽系内の物質流が最も激しくなる期間は約二百年間続きます。そして実は一九九六年ごろから、太陽系はこの最も危険な時期に突入しているのです。

そういう意味では、これからのおよそ二百年間は、人類がこれまで経験したことのない頻度で地球に小惑星が接近することになるのです。その動きが最も激しくなるのは、銀河面の中心を通過する時期ですから、今から約百年後には地球に大量の

NEOが降り注ぐことになるでしょう。

現在の科学力では、NEOの脅威から地球を完全に守ることはできません。しかし、これからピークまでの時間を有効に使い、対策を講じていけば、人類はその危機を乗り越えることができると私は信じています。

地球上の命の循環を守るには、人類のもつ科学力も必要です。そういう意味では、人類がこれまで築いてきた文明は無駄ではないのです。

自分たちは自然の一部であるという謙虚な心に立ち返ったとき、人類は新たな進歩の方向性を見いだすはずです。現にNEO対策への取り組みの他にも、命の循環を守ることを目的とした産業構造構築に向け、動きはじめている人たちが世界各地にいます。私の提唱している「太古の水」も「太陽光ゴミ処理システム」もその一つです。

☯

昨今、多くの人が日本経済の先行きと自分の将来に不安を感じています。

でもこの不安は、お金中心の社会に根ざしたものです。お金がなくても生活できる社会を築くことができれば、不安はおのずと払拭《ふっしょく》されるでしょう。

私は現在の経済が抱えている問題は、人類にとって価値観を転換する大きなチャンスだと思っています。お金が失われたことによって、人々が少しずつお金ではないものに価値を見いだしはじめているからです。

お金に対して執着心をもっているかぎり、新しい価値観を受け入れることはできません。お金中心の社会が崩壊を始めているのに、多くの人がいまだにその価値観から離れられないでいる最大の理由は、お金に代わる価値観が見つからないからだと思います。

後述しますが、私が太陽光ゴミ処理システムをNGO・NPOサークル活動として立ち上げたのは、営利追求を目的としない社会のモデルパターンになればと考えてのことです。

お金を儲けることを目的とするのなら、このシステムをどこかの企業に売ればよいのです。今はどこの国でも産業廃棄物や処理できない有毒なゴミの処理に頭を悩ませています。ですから、このシステムを高く売れば、莫大《ばくだい》な富を得ることもできるでしょう。しかし、私がそうやって富を得ても、地球の循環システムを整えることにはなりません。

今、企業は自分たちがつくり出した有害なゴミを処理する責任を問われています。リサイクルシステムをつくり、何とか対応しようと必死になっているからこそ、ゴミを減らす工夫やリサイクルできる素材で商品を作る努力を進めているのです。

でも、この何でも無害にしてしまえるゴミ処理システムを、彼らがお金で買ってしまったらどうなるでしょう。何でも無害にできるのだからと、これまでの努力を無にして営利を追求するような行動に出てしまうかもしれません。どんな道具も、目的を誤ると結果は大きく異なってしまいます。

この太陽光ゴミ処理システムは、すでに山積している過去の有害ゴミの処理と、地球環境を整えるために役立てることを目的として開発したものです。しかし、その目的を貫くためには、使う側の目的や姿勢を明らかにしておくことも必要なのです。

目的を明確にして活用すれば、企業が処分に困っている有害ゴミを処理する代わりに、二度と環境破壊につながる製品や過剰な製品を生産しないように条件を出すなど、環境保護に役立てることもできます。

人間だけに与えられた知恵と力を何のために活用するのか、私たちは新たな進化の方向性を模索する時期に来ているのだと思います。

利潤を追求する産業構造から、地球の環境を整えるための産業構造へと目的を変化させていくことができれば、お金に振り回される社会から脱却することができるはずです。すぐには難しいかもしれませんが、一人でも多くの人が、一社でも多くの企業が「自然中心」に物事を考えるようになっていけば、人々の意識も変わっていくと思います。

待っていても何も始まりません。気づいた人から始めるしかないのです。

人間は社会的な動物ですから、自然環境を整えるという新たな目的をもつことができたとしても、ある程度の数字は必要かもしれません。どれだけ自分は頑張ったのかということを自他共に認めてもらうことが、やりがいや意欲を育てるからです。数字が必要なら、その人の行いをポイントとして明らかにしてはどうでしょう。

その人の社会貢献度を金額ではなく、ポイントで示すのです。

ポイント制にすれば、さまざまな場所でのさまざまな貢献を等価値で測ることもできるようになります。環境によい素材を発明した人に一ポイント。ゴミを処理した人にも一ポイント。植林した人にも一ポイント。無農薬でお米を生産した人にも一ポイント。

現在の金銭感覚で測ればそれぞれに違う金額となるようなことでも、労力と自然に対する貢献度で測れば、世界中同じ基準でポイントを与えることができるのです。

このポイントは死ぬまで加算されますが、何ポイントたまってもお金のように使うことはできません。ただ、死ぬときには自分がどれだけ自然や社会に貢献してきたかを測る目安になるだけです。それでも周りの人は「あの人は一万ポイントももっていたんだ。すごいね、立派だね」と評価と尊敬の念をもって見送ってくれるはずです。

◉

しかし、どんなにきれいごとをいっても、社会で人間が生きていくためにはお金は必要です。必要ですが、貪《むさぼ》る必要はないといいたいのです。

自然界の動物は、おなかがいっぱいになれば、それ以上求めることはありません。明日の晩ご飯用にと、他の命をあやめることは絶対にしないのです。それが生命体の自然な姿だと思います。

人間も、自分たちが生活していくためにはお金が必要ですが、贅沢《ぜいたく》な生活をするためのお金まで必要だと思わせているのは貪りの心ではないでしょうか。

生命体は互いに命を分け合うことで循環しているのですから、自分にとって最低限必要なものだけ取ったら、残りはみなに分け与えなければなりません。

こうした自然のルールに近い活動を現行の社会の中で行えるのはボランティア活動だと私は考えていますが、ここでも問題になるのはお金のことです。

NGOとは、Non-Governmental Organization の略で、非政府団体、民間援助団体などと訳され、開発途上国などへの協力活動をする団体の意味です。NGOは金銭的な報酬を得ることは否定されませんが、それを目的にしていないのでおのずと制限はあります。これに対して、NPOは Non-Profit Organization の略で、民間非営利団体と訳され、営利を目的としないわけですから、お金を儲けてはいないわけです。

ＮＧＯもＮＰＯも、ボランティアなど各種活動を目的とした非政府団体であることに変わりはありません。営利活動について規制を受けている分、純粋な活動ができると考えられているようですが、正直なところ私は疑問を感じています。

ＮＧＯもＮＰＯも、その多くは活動資金を自分たちで稼ぎ出しているわけではありません。企業や国などに出してもらったお金を活動資金としています。

お金をもらうということは、現実にはそれを盾に活動に制約がかかるということです。

たとえば、エイズの子供たちに支援活動を行うＮＰＯが活動資金を求める場合、スポンサーになる確率が最も高いのは医薬品メーカーです。医薬品メーカーがエイズ患者の支援団体にお金を出すということは、そこに利権が発生するということです。その団体の援助を受けたエイズ患者は、強制されるわけではなくても、実際にはスポンサーである医薬品メーカーの薬しか飲めなくなっていくのです。極端な場合には、開発中の薬のモニターという名目で、新薬のテストに参加しなければならないことさえあります。

ＮＰＯ側がそうしたスポンサーの申し出を断ることは事実上できません。断れば、資金援助もストップされてしまうからです。

ですから、ボランティア団体が本当に自由な活動をするためには、活動資金を自分たちでつくることが必要なのです。ところがNGOやNPOは営利活動が制限、あるいは禁止されていますから、自力で資金をつくり出すことはできません。そういう意味で、私がめざす目的を遂げるためには、NGO・NPOとは別の中間法人という制度によって、営利活動が認められている団体にしたほうがよいのです。これがゴミ処理システムをNGO・NPOサークル活動として立ち上げた最大の理由です。

NGO活動の中で得たお金は、一年以内に使いきってしまえば課税の対象となりません。一〇〇パーセント自分たちの目的に即した使い方ができるのです。自分たちのめざすNGO活動の資金は自分たちでつくる。つくったお金は、活動に携わってくれた人たちの生活に必要な額だけ取れば、残りはすべて誰からも制約を受けないかたちでボランティアや環境保護に使うことができるのです。

これこそが、自然のルールに則った健全なボランティア活動の姿ではないでしょうか。

生きがいと才能を引き出すシステムが必要

ボランティアを日本語では奉仕活動といいますが、私は無料奉仕のボランティアは、する側にとっても受ける側にとってもよくないと考えています。無料でやらなければ奉仕ではないという考えの人もいらっしゃるでしょうが、無料で行うために生じるデメリットもあると思うからです。

無料奉仕による最大のデメリットは、奉仕という言葉とは裏腹に、ボランティアをする人の心に驕《おご》りが生じることです。

ボランティアを受ける側の人には、ああしてほしい、こういうことを助けてほしいという希望があります。しかし、相手が無料でしてくれているのだと思うと、好意でしてくれていることだけに自分の希望をいいづらい雰囲気になるのだそうです。勇気を出して希望をいった場合でも、せっかくしてあげているのに贅沢をいうなとか、好意を無にしたなどといわれてしまうことがあるそうです。

実際に阪神大震災の被災者のなかには、ボランティアに感謝はしているが、自分たちの気持ちを殺さなければならなかったので、もう受けたくないという感想をもたれた方も少なくなかったようです。

ボランティア先進国であるアメリカなどでは、もうずいぶん前からこのことが問題となり、今ではボランティア活動を支援する企業や団体が、ボランティア活動を行う人たちにお金を出すというのが一般的になってきています。

もちろんお金を出すといっても、労働賃金並みの金額が支給されるわけではありません。それでも、ボランティア活動を行う人の生活を最低限保障するだけの金額は支払われているのです。

無料でボランティアを行える人というのは、お金が入らなくても生活の心配をしなくてもよいだけの金銭的余裕がある人です。

お金持ちが自腹を切って困っている人を助けるというのは、一見すると非常に美しい構図です。でもその陰には、してあげるというお金持ちの驕りと、自分の心を押し殺してでも援助を受けなければならない人たちの苦しい事情があるのです。

しかし、最低限の生活が保障されれば、どのような立場の人でもボランティア活動に参加することができるようになります。さらにお金をもらっているということで、する側と受ける側が対等な立場で向かい合うことができるというメリットがあります。

私はNGO活動もボランティア同様、基本的にはする側と受ける側の立場が対等であるべきだと思っています。

今のNGO活動の多くは、持てる人が持てない人に完成品を与えてあげる傾向があるように思います。たとえば、学校を造る、井戸を掘るというような場合でも、お金を出して造ってあげてしまうのです。

しかし、これではいつまでたっても、受ける側の人は自分たちの力でできるようにならないのではないでしょうか。

完成品を与えるのではなく、どうやったら目的を達成できるのかを考えてもらい、一つの目的に向けて一緒にプロセスに取り組んでいくことが、私は必要だと思うのです。

大切なのは、その問題が起きている現場の人が中心となって動ける環境を整えることではないでしょうか。

どんなNGO活動でもまず現地に団体をつくり、その人たちが活動できるような支援を行う。そうすれば、現場にいる人たちに自覚と自信が生まれてくると思うのです。

誰かのおかげでこうなりましたではなく、アイデアと支援はしてもらったが、実際に現場で働いたのは自分たちであるという自覚が大切なのです。こうした対等の関係を築いていかなければ、いつまでたっても先進国と発展途上国の差は縮まりません。

本来の支援というのは、親が子供を育てるように、相手が自分で何でもできるような力を培うチャンスを提供することだと思います。


私には息子がいますが、私は彼が何をしたいのかということを常に気にかけてきました。親のエゴを彼に押しつけたくないと思っているからです。

一緒に楽しんでいくなかで、彼が彼なりのものを私から受け取ってくれればいいと思っています。だから、上から教えるという立場はとらないようにしています。

たとえば、息子が小さいときに、

「お父さん、この漢字はどう書くの？」

と聞いてきたときなど、私はわざと辞書を引くようにしたのです。子供の目の前で一緒に辞書を引くのです。彼に調べさせるのでもなければ、知っているからといってポンと教えてしまうこともしないのです。

それもわざと時間をかけて調べます。わざと他の字に引っかかって、「へぇー、この字はこう読むんだ」「ふーん、この言葉にはこんな意味があったんだね」などといってみます。

そうすると子供は見ていてイライラしますから、自分で辞書を取って調べはじめるのです。そして「お父さんより僕のほうが早く調べられたよ」と自慢します。そんなことを何度か繰り返していくうちに、子供は自信と辞書を引く楽しさを身につけていくのです。

大切なのは、その人が自信と喜びを感じられるようにしてあげることです。

子供に対するときと違って、意識しているわけではないのですが、山の上の観測会や私が行っていた星を見る会にも同じような効果があったようです。

もちろん基本的なことは教えるのですが、ある程度までいったら、あとは集まってくれた人たちが自由に望遠鏡をのぞけるようにしていたのがよかったのかもしれません。先輩が、あとから来た人に自分が感動した話を聞かせたりしながら、一緒に自分たちなりの楽しみ方を見つけていくのです。

そうなると、私が忙しくて観測会に行けないときでも、彼らは彼らなりに星を見たり楽しめるようになります。

グループ観測会では、中心になっている人が抜けると、バラバラになって活動をやめてしまうということがよくあります。でも私の観測会で星を見る喜びを知った人たちは、みんな自分なりの楽しみ方を見つけていますから、私が参加してもしていなくても、それぞれ上手に楽しんでくれています。

彗星捜索をする人もいれば、惑星を観測する人もいます。星の写真を撮る楽しさに目覚めた人もいます。楽しみ方は人それぞれですが、私はそれでいいのだと思っています。

これは社会の縮図のようなものです。

今の社会は、お金という一つのものを基準とした一方向社会です。いい学校へ入るのも、いい会社に入るのも、出世をするのも、幸せという概念までも最終的には金銭的に豊かな生活という一点に向かっています。

人間は、それぞれ違う才能を秘めています。お金儲けに適した才能をもっている人もいれば、そうでない人もいます。お金儲けの才能のない人は、今の社会では適応することも自分の才能を発揮する場もなく、社会に対する不満と疑問をもちつづけながら本流からはじき出されてしまいます。事実、私もそうした社会からはじき出された変わり者のなかの一人でした。

幼稚園ぐらいまでは、個性的で素晴らしいですねという評価をしてもらえたのですが、小学校へ上がると、「普通ではない子」というレッテルに変わってしまいました。でも、私自身は何も変わっていないのです。私を見る周りの価値観が変わっただけです。

自然を見るとよくわかりますが、才能に優劣はありません。自然界にはさまざまな役割があり、才能の受け皿となる場がすべての方向にあるからです。しかし、今の人間は、お金の損得勘定がすべての価値基準になっています。よく聞く「勝ち組、負け組」という言葉が、そのことを明確に表しています。

命あるものは本来、互いに尊敬し合うことができる存在だと私は信じています。なぜならすべて担っている役割が違うからです。命の循環を守るという本来の目的に立ち返ったとき、無駄な人は誰もいません。その人でなければできないことが必ずあるのです。

◐

臨死体験をした私にとって、今は生きているということ自体が最大の喜びです。死はつらいことでも恐ろしいことでもありませんでしたが、死後の世界は非常に退屈なものでした。

生きていればいろいろなことが起こります。なかにはつらいことや苦しいこと、腹の立つこともあるでしょう。しかし、それさえも死後の退屈に比べたら数百倍も素晴らしいことなのです。

私が死に瀕したときに感じた最大の苦しみは、それまでの人生に対する後悔の念でした。やりたいと思っていたことをしていなかった。やれることをしてこなかった……。与えられた場所で、自分のもてる能力を最大限に使い日々を生きていれば、たとえ志半ばで死が訪れることになってもあれほど後悔せずにすんだはずです。

死の淵《ふち》から戻ってきたときに私が真っ先に思ったのは、今度死ぬときには絶対に後悔はしたくないということでした。睡眠時間が短くても、苦労が多くても、お金があまり儲からなくても、本当に自分がやりたいと思えることをしようと決心したのです。

でも私がそう思えるようになったのは、臨死体験をしたおかげです。臨死体験は誰もが経験できることではありませんが、死は誰もが必ず経験しなければならないことです。死ぬときに後悔ではなく、「自分は精いっぱいやった」と思えたら、どんなにか素晴らしいことでしょう。

人生最大の喜びは、地位でも名誉でもお金でもなく、精神的な充実感を味わうことです。そしてその充実感は、自分の能力を一〇〇パーセント引き出したときに初めて得られるものなのです。

誰もが、その人でなければできない役割というものをもっています。それはいい換えれば、その人にしか備わっていない能力があるということです。

自分の能力を生かすことは、生きる喜びそのものです。そして、自分を生かすことが、結果として命の循環を守ることにつながっているのです。

自分の能力が何なのか、まだわからない人もたくさんいると思います。でも、心配することも焦ることもありません。やりたいと感じたことをいろいろと試しているうちに、人は必ずそれにめぐり合うことができるようになっています。

何が自分の才能なのかを判断するのは、実は簡単です。能力を発揮できたとき、あなたはそれまで経験したことのない喜びや楽しさ、そして充実感に満たされるからです。ですから、自分がやってみたいと思ったことは損得勘定を抜きにして、まずやってみることです。

自然のサイクルのなかには、短期的に見たら、それが何の役に立っているのかわからないようなこともたくさんあります。しかし、長いスパンで見れば、それは欠くことができない大切な働きをもっています。自然に無駄なことは何もありません。

人間の能力も同じです。大切なのは今の価値基準で自分の能力を判断しないことです。あなたが心から楽しみながらできること、それがあなたの能力であり、自然界の中での役割なのです。

人はいつ自分の能力に目覚めるかわかりません。でもその出合いは、必ず訪れます。大切なのは、もうこんな年だからとか、そんなことをしてもお金にならないからと、自分の気持ちをごまかさないことです。やってみたいと思えることに出合ったら、勇気をもって一歩踏み出してみてください。そこからあなたの人生は大きく変わっていくことでしょう。

また、すぐにやりたいと思えることにめぐり合えなくても、がっかりすることはありません。出合うのにふさわしい時期というものもあるからです。

木の実が熟すには秋まで待たなければなりません。春に芽を出し、夏には葉を茂らすというそれぞれの時期にふさわしい働きがあります。自然に季節があるように、人の能力にもそれと出合うのにふさわしい時期というのがあるのだと思います。

出合いという開花の時期を迎えるためには、根を張り自分を成長させておく必要があります。人でいえば、それは目の前にある事柄に真摯に取り組む時期ということだと思います。

私が講演会などでこうした話をすると、必ず「木内さん、私は何をしたらいいのでしょう」と尋ねる人がいます。でも私には、「それはあなた自身が見つけるしかないんですよ」と答えることしかできません。

能力は一人ひとりで違っています。だから自分の能力は自分で見つけるしかないのです。

人類の進化は、人間一人ひとりが自分の能力や行動を認め、生かしていった結果として生まれてくるものです。

しかし、探す方向性は存在しています。

それは、本書の中で何度も繰り返し述べてきた「環境バランスを整え、命の循環を保っていくために何ができるのか」ということです。

たとえば、自分が住んでいる町にダイオキシンを出すゴミ処理場があると、多くの人が文句をいいます。しかしダイオキシンを発生させるようなゴミを出しているのは自分たちなのだということを自覚している人はほとんどいません。

ゴミ処理施設が悪いのではありません。そこで処理できないゴミを出した人が悪いのです。

でも、そういうと、今度は有害なものを発生させる製品を作った企業が悪いと、また人のせいにしてしまいます。でもこれも、そんな製品を買うのがいけないのです。一人ひとりが「有害なものを発生させる製品は買わない」と不買運動をすれば、企業はいやでも安全なものしか作れなくなるからです。

誰かが行動してくれるのを待つのではなく、一人ひとりが自分で考え、努力して行動しなければ、地球環境を守ることはできません。

地球で誕生した生命は、地球でしか生きつづけることはできないのです。地球環境を守ることとは、自分の命を守ることにほかなりません。一つの命は、他のすべての命を生かすために存在しています。あなたの命は地球上のすべての命を支えています。でもこれは、地球上のすべての命が、今のあなたの命を支えているということでもあるのです。

自分の才能を見いだし、それを生かす人生を送るために必要なのは、自分を信じることです。

人生にはいろいろなことが起こります。壁にぶつかることもあるでしょう。他人から虐げられることもあるかもしれません。そんなときには落ち込んだり、すねたり、あきらめるのではなく、その逆境を喜んでください。

人生に乗り越えられない苦しみはありません。そして、人生の喜びは逆境を乗り越えるときに最も強く感じることができるのです。ですから、苦しいと感じたら、もう少し頑張ることによって自分は人生最大の喜びを手にすることができるのだと、喜んでください。

人間は誰でも自分が思っている以上の力を秘めています。

私は小学生のときに、そのことを痛感する場面に遭遇しました。

通学路を歩いていたときのことです。幼稚園児ぐらいの幼い子供を連れた若い母親が、私の少し先を歩いていました。その親子が交差点にさしかかったとき、子供が母親の手を振りきって飛び出してしまったのです。車は急ブレーキをかけましたが、間に合いません。幼い子供は巻き込まれるようにして車の下に入ってしまいました。

驚いて大勢の人が駆けつけました。そのとき、誰もが我が目を疑うような光景が繰り広げられました。若く小柄な母親が、我が子を巻き込んだ車をたった一人で持ち上げてしまったのです。

「こっ、子供を」母親の声に促され、数人の大人が急いで子供を車の下から引き出しました。我が子の無事な姿を確認した母親は、次の瞬間、その場にへなへなと崩れ落ちました。

いわゆる火事場のバカ力といわれるものなのでしょうが、それを目の当たりにした衝撃は大変なものでした。

あの母親は、なぜあれほどの力を発揮することができたのか、小学生の私にとってそれは長い間謎でした。しかし、自分が成長して親になったときにわかりました。あの母親は、何も疑っていなかったのです。車を持ち上げることが自分にできるかできないかなんて考えてもいない、そんなに重い物とも思っていない。我が子を助けるために車を持ち上げることが必要だったから、ただそうしただけだったのです。

いい換えれば、疑う余地もなく、できると信じていたということです。

これは肉体の潜在的パワーを発揮した例ですが、これと同じことが意識や知識の面でも起こるのです。

できないと思ってしまったら何事もうまくいきません。

「私は木内さんみたいな才能はないから」「私ってダメな人間なんです」——そういう言葉を聞くと、私は本当に悲しくなります。そういっている人たちは、自分で自分の才能を殺していることに気がついていないのです。

自分以上に自分の素晴らしさを認められる人はいません。ですから私は、いつももっと自分をほめなさいというのです。自分の能力を認めて自分をほめてあげるのです。何も人前で自慢しろとはいいません。自分の才能が発揮できたと感じたら、鏡でも見ながら心の中で「俺ってこんなにすごいんだ」と思えばいいのです。

これをやると脳は喜んでどんどん活性化していきます。

自分の才能を見いだし、育み、活用していくことは、その人自身にしかできません。親が我が子の才能を信じて疑わないように、いえそれ以上に、自分で自分の才能を信じなければ、才能を最大限発揮することなどできません。

そのことをよく表しているのが、癌のような病気に侵されながら病を克服した人です。私は医者ではありませんが、「太古の水」の関係で多くの癌患者に接してきました。そして見ているうちに、助かる人と助からない人では、その闘病の姿勢に大きな違いがあることに気づいたのです。

たとえば、同じような状態の癌患者が二人いたとします。一人は医者を信頼し、担当医にこういいます。

「先生。私はどうしても治したいのです。先生におまかせしますから、よろしくお願いします」

もう一人の患者は、「先生。俺はもういつ死んでもいいのです。だから自由にしてください」といいます。

みなさんはどちらの患者が長生きしたと思いますか。

実は後者のほうが統計的にみて圧倒的に長生きしているのです。前者のほうが病を克服したいという明確な意思表示をしているように思われますが、そうではありません。この患者の行為は、自分の肉体を治すことを放棄してしまったことになるのです。医師にまかせるというのは、一見すると謙虚で素晴らしいことのように思えますが、実際には医師に依存し自分の責任を放棄したことになるのです。

自由にしてくれというのは、自分の生死を他人にゆだねず、最後まで肉体を信じ、自分を信じた人の言葉だったのです。

自分を信じきるということは、簡単そうでとても難しいことです。でも、自分に才能があることを信じ、その才能を輝かせることが、自信を培うことにつながっていくのです。

エピローグ

　私がHさんと出会ったのは、ハレー彗星が地球に近づいた一九八六年の少し前でした。

　星が見たいという孫にせがまれて、彼女は〈星の教室〉という町が主催する私の観測会に顔を出したのです。Hさん本人はあまり星に興味がないようでした。初めのうちは私の話も聞かず、後ろのほうの席で居眠りをしながら観測会が終わるのをただ待っていただけのおばあちゃんだったのです。

「一緒に星を見ませんか」と声をかけても、「私は星のことなんかわからないし、孫の付き添いですから」というばかりでなかなか乗ってきません。

　当時、彼女は六十歳になる前だったと思うのですが、腰が痛いといってはすぐに座り込むような、どこか元気のないおばあちゃんでした。

ところが、何度かお愛想のようにしながら星を見ているうちに、彼女に変化が生まれてきたのです。気がついたときには、あとから通いはじめた人に「あの星は何座でね」とか、「望遠鏡の使い方は……」と積極的に声をかけるようになっていました。

星の教室は、生涯学習を一つのテーマとして掲げていたこともあり、おじいちゃんやおばあちゃん、子供を連れた若い主婦の方なども数多く参加していました。Hさんは、そのなかで実に生き生きと立ち回り、いつの間にかすっかり世話役になっていました。

望遠鏡で星を観測するだけでは飽き足らなくなったのか、Hさんは星の写真を撮るようになっていきました。

そうなると、もう腰が痛いなどといっていたのが嘘のようにシャンシャンと山に行って、夢中で星の写真を撮るようになっていきました。

長野県の冬山の厳しさは半端なものではありません。男の私でも、氷点下何度という寒さには尻込みしてしまうほどです。それなのにHさんは、「先生は行かないの？」と実に軽いフットワークでカメラを担いで、山へ向かうのです。

よりいい写真が撮れる場所へ行くためなら、かなり危険な場所でも彼女は意気揚々と出かけていきます。そのかいあってか、彼女の写真は日を追うごとに素晴らしいものになっていきました。

最近では小さな個展を開いたり、雑誌から写真をぜひ貸してほしいと依頼が来るほどの天体写真家になってしまいました。

七十歳を過ぎたおばあちゃんが夜の冬山に登って星の写真を撮るというのですから、最初はご家族も心配していました。しかし、彼女の実に生き生きと輝く笑顔を見ると、誰も止めることはできません。

彼女の年齢を超越した生き様にふれた人は、むしろ自分の日常を振り返ってしまうことのほうが多いようなのです。

年をとると、多くの人が年齢や体力の衰えを理由に、新しいことにチャレンジするのをやめてしまいます。自分の人生はこんなものだと、先入観から自分に限界を与えてしまっているのです。

でも、それがその人の才能なら、いくつになろうと人は輝くことができるのです。

その証拠に、星の教室では、Hさんから刺激を受けたということもあるのでしょうが、多くの人が自分ならではの喜びを見つけられるようになっていきました。

彗星捜索を始めた人もいれば、観測会の指導員をするようになった人もいます。星に関することだけでなく、別の分野で頑張っている人も大勢います。

星を見ることで、彼らは自分の中の才能という星まで見つけてしまったのかもしれません。

◐

自分の才能を開花させた人は、死ぬその瞬間まで自分がやるべきことしか見なくなるようです。それが喜びとともにできるのなら、そんな幸せな人生はないと思いませんか？

ある天文学会で二人のおばあちゃんを見たときに、私はそのことを強く感じました。

そのおばあちゃんたちは、二人とも九十歳を超えた高齢の木星研究家でした。その日は長年にわたる綿密な観測に対し、表彰が行われたのですが、満場の喝采を受けながら、二人は実に驚くべきスピーチをしたのです。

「私たちは、これでやっと木星の研究の半分が終わりました。残りの半分は、こういうことをやっていきたいと思います――」

そして彼女たちは自分たちの研究予定を滔々《とうとう》と述べたのです。しかしそれはどう短く見積もっても四十年から五十年はかかる実に遠大な計画だったのです。

私は友人と、「彼女たちは自分の年齢はとうの昔に忘れてしまっているんだね」「ありゃあ、ちょっとやそっとでは死なないね」と、笑い合ったほどです。

彼女たちの頭の中には、自分に対する限界ではなく、目的とそれを達成するための計画しかないのです。

でも星をやっている人間の一人として、彼女たちの気持ちは私にもわかります。なぜなら私自身も、自分で発見したスウィフト・タットル彗星が次に地球に接近する二一二六年までにその衝突を回避するためにしなければならないことを、国際会議などで提案したり、実際に活動しているからです。

常識的な寿命を考えれば、二一二六年には私はもういないと考えるのが普通でしょう。私も頭ではあと百二十年も生きつづけることはできないとわかっています。

しかし、不思議な感覚かもしれませんが、もしかしたら生きていられるかもしれない、と実に楽観的にとらえている自分も心の中にいるのです。

ですからこの二人の九十過ぎのおばあちゃんたちも、自分が死ぬことはわかっていますが、死ぬことにとらわれてはいないということなのでしょう。そんなことを考えてくよくよしている暇はないというのが、本音かもしれません。

どんな人だって、いつかは必ず死にます。

そして死ねば膨大な意識に取り込まれ、すべての謎は氷解します。

死ぬことは苦しいことでも悲しいことでもありません。それは死を一度体験した私がいうのですから、間違いありません。

死ぬときにいちばんつらいのは、自分の才能を開花させることなく人生を終えることへの悔恨の思いです。

自然界を見ているとわかることですが、才能は本当にそれぞれです。一つひとつ開かせる場所も違えば時間も違います。

春先の早い時期に開く梅の花のような才能もあれば、冬の盛りに雪の下で花を大きく開かせる椿《つばき》のような才能もあります。

これだけは人と比べることができないものです。

年齢を経た今だから開くことができる才能というものもあります。

だから焦る必要はどこにもありません。

ただ、自分には何の才能もないのだ、などとあきらめることさえしなければいいのです。

自分を信じ、心が惹《ひ》かれたことに素直に向かっていく勇気さえもてれば、誰でも自分の才能を開花させることができるのです。

私と一緒にＮＧＯ活動をしている人のなかにも、自分の才能を輝かせた人はたくさんいます。まだ自分の才能が何かわからないけれど、とりあえず目の前にあることに一生懸命取り組んでみる、という人も大勢います。

才能に目覚めた人は、はたから見ていてもすぐにわかります。同じ人かと目を疑うほど、劇的な変化を遂げるからです。

まず、誰に命令されなくても自分ですべきことを発見して動いていくようになります。そして、どんなに大変な状態でもグチや不満が出なくなります。なぜなら、目的がはっきりと見えているからです。

彼らが見ているのは、目の前の苦労や困難ではなく、その向こうで輝く喜びの光です。

さて、あなたはどんな才能を輝かすのでしょうか。


宇宙は今この瞬間も、ものすごいスピードで動いています。

私たちが地上で立ち止まっているとき、どのくらいの速度で宇宙の中を動いているか知っていますか？

地球が太陽の周りを回る公転速度は時速一〇万キロ。自転速度はそれかける時速一五〇〇キロです。つまり私たちはとてつもない遠心力の中で生きているのです。

動いているのは地球だけではありません。地球が属する太陽系自体も回転しています。そして太陽系を含む銀河系も、その銀河系を含む銀河群も、さらにはその銀河群を含む銀河団も動いているのです。

私たち現代人は、日々の生活の中で、自分の居場所を見失っているのではないでしょうか。自分たちが生きている環境の状態、自分たちが今しなければならないこと、自分たちの存在理由。

たとえばサッカーの試合を思い出してみてください。観客はゲームが行われているフィールドを上から見下ろすことができます。ですから、今どこにボールがあるのか、選手たち一人ひとりはどこにいるのがふさわしいのか、ボールを持った人はどこにパスを出せばいいのかということがすべて一瞬のうちにわかります。

しかし、実際にゲームに参加している選手たちの視界は限られています。そのため下手な選手は、観客席から見ていると「とんでもない」と思うような場所にパスを出してしまったりするのです。一流といわれる選手というのは、フィールドにいながら、心にある鳥の目でフィールド全体を俯瞰《ふかん》できる人たちなのだと思います。

私たち地上で生きる人類も、自分たちが参加しているゲームのフィールドが見えていないから、平気で自然を破壊したり、生態系を侵す薬品を垂れ流してしまっているのではないでしょうか。

宇宙の星を見、宇宙を知るということは、自分たちの居場所である地球を外側から見る心の目を養います。地球を外側から見られるようになると、その中で生きる自分の居場所も見えてきます。

宇宙を知るということは、突き詰めていくと自分を知ることだと私は感じています。

視野をどんどん広げていき、宇宙の果てまで行ったときにそこに存在しているのは、結局は自分自身でもある膨大な意識そのものだからです。

太陽系は今、銀河の中をある星に向かって旅をしています。

そしてその星も太陽系に向かって旅をしています。

その星の名前は「ベガ」。七夕の織り姫星として親しまれてきた星です。

ベガは地球から見ると一つの星にしか見えませんが、実際には太陽と同じようにいくつもの惑星を持つベガ系の恒星です。

ベガ系と太陽系がすれ違うのは、今から二十三万五千年後です。

たかだか百年足らずの寿命しかもたない個人からすれば、遠い未来のことと思うかもしれませんが、宇宙時間にすればごくわずかな時間です。

このベガ系というのは、地球と同じような生命体を育む惑星を有しているのではないか、と注目を集めている天体でもあります。

みなさん、想像してみてください。

二十三万五千年後、太陽系がベガ系とすれ違うとき、地球生命体である私たちは、ベガ系惑星の知的生命体と出会うかもしれないのです。

お互いは、この三次元のゲームの参加者である相手の文明を自分たちのものと見比べるでしょう。そのときに誇れる文明を築いていたいとは思いませんか？

生命の循環システムである自然を守るというのは、ゴールのないゲームです。いい換えれば、エンドレスの努力が楽しめるゲームといってもいいでしょう。

自分の頭脳と力、持てるアイテムを最大限に使い、迫りくる難問を次々にクリアしていくというのは、まさに多くの人を虜《とりこ》にしているコンピュータ・ゲームの醍醐《だいご》味《み》です。

私は自分たちが生きているこの星こそ、究極のバーチャル世界なのではないかと思うことがあります。

果てしない宇宙を包含しているのは、自分の意識の本体ともいうべき膨大な意識です。その中で生まれた三次元という世界で、私たちは持てる才能を駆使し自然環境を守るというゲームを行っているのです。

人間というのはおもしろいもので、まったく同じ作業であっても、考え方が変わるとそれまでつらかったことも喜びに感じられるようになります。

エンドレスに努力を続けるということは、決して空しいことではありません。自然界に同じ出来事というのは二つと存在しないからです。

庭の草はむしってもむしっても生えてきますが、それは前回むしった草とまったく同じものではありません。草と対話したり、なぜ草をむしることが必要なのかを考えたり、そこには無限の喜びを見いだす可能性が隠れているのです。

私の父は亡くなるときに、次のような言葉を残してくれました。

「鶴彦。俺にはおまえに残してやる財産が何もない。だけど、おまえにやりたいものが一つだけある。それは地球だ。地球はおまえにやる。だから好きなように使っていいぞ」

父がどのような気持ちで私に地球をやるといってくれたのか、本当のところは私にもわかりません。

でも、私は今、父からもらったこの地球の自然環境を守り、次の世代に渡す責任と誇りを感じながら活動しています。そこで今度は私から、この本を読んでくださったみなさん一人ひとりに、地球を贈りたいと思います。どうぞ地球の持ち主である誇りと勇気をもって人生を楽しんでください。

地球は今日からあなたのものです。

文庫版あとがき

私が、それまで一部の人たちにしか話したことのなかった臨死体験の話を一冊の本にまとめたのは、一九九五年のことです（『宇宙《そら》の記憶』龍鳳書房）。その後、当時臨死体験を研究していた立花隆さんのインタビューを受けたのをはじめ（『証言・臨死体験』文春文庫）、講演やテレビなどの取材でも、ひんぱんにこのことについて語る機会に恵まれました。

それはあまりに特異な体験であったため、はたして多くの人たちに受け入れられるかどうかという心配もありました。しかし、みなさんからの大きな反響をいただくにつれ、今までお話ししなかったことも含めて、ここで新たに一冊の本としてまとめてみることにしたのです。

臨死体験についてだけでなく、ライフワークの彗星捜索のこと、そして今、私が取り組んでいる環境浄化に関するいくつかの事柄についても、あらためて整理してお伝えすることができたのはうれしいかぎりです。

彗星捜索をはじめ、環境浄化のためのボランティア活動などに携わっていていちばんうれしいのは、周りの人たちが自分の人生を見つけていく場面に出くわしたときです。何か一つのことに対して情熱を燃やし、魂の底から喜んで取り組んでいる人の姿に出会うと、私自身とてもうれしい気持ちになりますし、また励みにもなるのです。

どんなことであっても、心から没頭して、自分がそのことに同化してしまっているときには、人は信じられないようなことを感知することができるものです。たとえば、深夜の山で望遠鏡をのぞいていると「空気玉」が見えるときがあります。

空気玉とは、小さい空気のよどみです。これがすーっと飛んでくると、しばらくしてそれを追いかけるように風が吹き抜けていくのです。この空気玉は、そこだけ空気の温度が違うのでしょう。その周りの大気と温度の差があるので、屈折の具合で玉のように見えるようです。

空気玉が見えたら、周りの人たちに「風が飛んでくるよ」と伝えます。しばらくして、本当に風が私たちの間を吹き抜けていくのです。そういう経験をしていると、しだいに周りの人たちも空気玉が見えるようになってくるのです。

空気玉を見ることができるのは、観察に没入して、自然と同化しているときです。そういう瞬間には、星空から音楽が聴こえてきたり、動物がまったく怖がることなく寄ってきてくれたり、普通では考えられないことが起こります。今まで隠されていたその人の能力が目覚め、現れるのです。

そのようにして自分のもっている能力に気づき、人生の意味を見いだす人が増えていくにつれ、この地球はより住みやすい星として、輝きを増すことでしょう。

本書が単行本として刊行されてから十二年の月日が流れ、このたび文庫版として装いも新たに刊行されたことは喜ばしいかぎりです。

その間、私は二〇〇九年に上海で倒れ、二度目の臨死体験をするなど、さらにたくさんのことを経験し、新たな気づきがありました。それらについては、二〇一四年に刊行した拙著『「臨死体験」が教えてくれた宇宙の仕組み』（晋遊舎）に記しましたので、こちらの本もぜひご一読ください。

本書がみなさんにとって、素晴らしい人生を送るヒントとなり、また地球の未来を考えるきっかけになってくれれば、これにまさる喜びはありません。

二〇一五年七月

木内鶴彦

単行本　二〇〇三年四月　サンマーク出版刊

サンマーク文庫

生き方は星空が教えてくれる

2015年8月25日　初版発行
2023年6月25日　第7刷発行

著者　木内鶴彦
発行人　黒川精一
発行所　株式会社サンマーク出版
東京都新宿区北新宿2-21-1
電話 03-5348-7800

フォーマットデザイン　重原 隆
本文DTP　山中 央
印刷・製本　株式会社暁印刷

落丁・乱丁本はお取り替えいたします。
定価はカバーに表示してあります。

ISBN978-4-7631-6069-0　C0130

ホームページ　https://www.sunmark.co.jp